ニュースがよくわかる皇室のすべて

澤田 浩・監修 Hiroshi Sawada

JIPPI Compact

実業之日本社

◉はじめに

宮内庁が公表している「歴代天皇の系譜」によれば、日本の皇室は少なくとも2600年以上続いているとされる。その伝統の重みと責任を背景に、天皇陛下は国家と国民のために心を尽くし、日々ご公務に励んでおられる。皇后陛下や皇太子さまご一家、秋篠宮《あきしののみや》さまご一家なども、陛下の真摯なお姿に同様のお気持ちでお務めに取り組まれている。

こうした皇室に対し、日本人は深い敬愛を寄せてきた。しかし現在、皇室は大きな転換期に差しかかっている。二〇一六（平成二十八）年夏、天皇陛下が生前退位のご意向をおもちであることが明らかになった。そのお言葉は多くの国民の胸を打ち、政府も特例法を整えたが、それで根本的な解決になるのかというと疑問符がつく。また、男系男子に限った皇位継承の問題や、皇族減少の問題なども深刻になってきている。

皇室の諸問題については国民一人ひとりがきちんと考えなければならない。しかし、皇室の素顔は見えない部分が多いというのが実情だろう。そこで本書は、最近話題のトピックから皇室の皇族のしくみや制度、ご公務や宮中祭祀、生活費や税金をはじめとする皇室経済などをまとめてみた。写真や図版も用いてわかりやすく解説している。

ふだんはなかなか知りえない皇室という存在。本書が皇室について理解を深める一助となれば幸いである。

《目次》

第1章 皇室のホットトピックス

第2章　皇室のしくみ

第3章 皇族の家計簿

第4章 皇族のご公務とご活動

第5章

宮中祭祀のいろいろ

第6章　皇室の歴史

カバーデザイン・イラスト／杉本欣右
本文レイアウト／Lush！
本文図版／伊藤知広（美創）
写真協力／毎日新聞社／PIXTA／fotolia

第1章

皇室のホットトピックス

Key word

生前退位

天皇陛下の生前退位により皇室は、そして日本はどうなる⁉

◉生前退位のご意向に日本中が驚く

今上《きんじょう》天皇が生前退位のご意向をおもちであることが、二〇一六（平成二十八）年七月十三日に初めて報じられた。

同年八月八日には、陛下がビデオによるご肉声を通じて、「身体の衰えにより、これまでのように象徴としての務めを果たすことが難しくなるのではないかと案じている」といったことをお話になられた。さらに、公務を大幅に減らしたり代役を立てる方法で皇位を守るよりも、象徴の務めが常に途切れることなく安定的に続くことを願っている旨を述べられた。

つまり、天皇の地位を皇太子さまに引き継いで「生前退位」をしたいとされるお考えを示されたのである。

この報道は、日本の国民の心に強い動揺を与えた。なぜなら、ほとんどの国民は天皇陛

天皇陛下のお気持ち表明の映像を、くい入るように見つめる人々（毎日新聞社提供）

下が在命中に退位されるという事態を想定していなかったからである。「生前退位のお気持ち」の表明以降、ご意向に沿うべきなのか、それともこれまでどおりにご公務をつとめていただくべきなのか、大きな論議を呼ぶことになった。

◉意外と多い生前退位の事例

まず、日本の皇室の生前退位について整理してみよう。天皇の生前退位は、今上天皇が初めての事例ではない。皇室の歴史を振り返ってみると、生前退位の事例は今上天皇以外になんと五十八も確認できる。

初めて生前退位が行なわれたのは六四五（大化元）年のこと。大化の改新が始まったこの年、三十五代・皇極《こうぎょく》天皇が約三年半の在位で孝徳《こうとく》天皇へと譲位した。

平安時代の一〇八六（応徳三）年には、七十二代・白河《しらかわ》天皇が数え八歳の堀河《ほりかわ》天皇に譲位した後、上皇となって院政を敷いた。さらに江戸時代の一八一七（文化十四）年には、約三十八年間在位した光格《こうかく》天皇が仁孝天皇に譲位した。これが現時点で最後の生前退位となっている。

次に、世界の王室や皇室に目を転じてみると、アジアやヨーロッパなどの立憲君主制の国で生前退位が行なわれていることがわかる。

最近の例としてはオランダが挙げられる。二〇一三年、ベアトリクス女王が七十五歳を

生前退位の事例

年代（年）	天皇名	内容
645 **（大化元）**	**皇極天皇** **（第 35 代）**	女帝。天智・天武両天皇の母。642 年に即位し、３年半後の 645 年に孝徳天皇に譲位した。これが初の生前退位である。その後、655 年に斉明天皇として重祚した。
1086 **（応徳３）**	**白河天皇** **（第 72 代）**	1072 年から約 14 年にわたり在位したが、1086 年に第２皇子の堀河天皇に譲位。しかし、その後は上皇となり、堀河、鳥羽、崇徳天皇の３代にわたって約 43 年間も院政を続けた。上皇として政務をとることになったいわゆる院政の開始である。
1817 **（文化 14）**	**光格天皇** **（第 119 代）**	閑院宮典仁親王の第６皇子で、後桃園天皇の養子となって 1779 年践祚、1780 年に即位したが、約 37 年間在位した後、仁孝天皇に譲位した。これ以降、生前退位の事例は出ていない。

迎えるにあたり、ウィレム・アレクサンダー現国王に譲位した。オランダでは三代続いての生前退位となった。

スペインでも二〇一四年に生前退位が行なわれ、国王のファン・カルロス一世がフェリペ六世に譲位した。ファン・カルロス一世が健康に不安を抱えていたことに加え、世界自然保護基金の名誉総裁職にあるにもかかわらず、アフリカゾウのハンティングをしたことが問題視されての生前退位であった。この生前退位を認めさせるため、スペインでは法整備も行なわれている。

そのほか、ベルギーでも生前退位が行なわれている。

アジアでは革命前のカンボジア、ブルネイ、ブータンなどに生前退位の例があり、中東ではカタールで生前退位がなされている。こうしてみるとわかるように、生前退位は世界各国で行なわれているのだ。

●生前退位は一代限りの特例法に基づいて行なわれる

それでは、日本における天皇の生前退位を法的な視点でみるとどうなるか。この問題について、明確な判断を下すのは極めて難しい。

日本国憲法第二条に「皇位は世襲のものであって、国会の議決した皇室典範の定めるところにより、これを継承する」とある。したがって皇室制度を定めた基本法は『皇室典範』ということになるが、『皇室典範』のなかに生前退位に関する規定はない。ただ、第四条において「天皇が崩じたときは、皇嗣《こうし》が直ちに即位する」とあることから、天皇は生きているかぎりは、その地位にい続けるものと解釈できる。

ではなぜ、『皇室典範』は生前退位に言及していないのだろうか。一九八四（昭和五十九）年の国会において、当時八十歳を超えていた昭和天皇に関して、生前退位を認めない理由を問われる場面があった。このとき、宮内庁は次の三つの理由を回答している。

一、退位を認めると、上皇や法皇といった存在が弊害を生む恐れがある。

二、天皇の自由意志にもとづかない、時の権力などによる強制がありえる。
三、天皇が恣意《しい》的に退位できるようになる。

今上天皇の生前退位のご意向を受け、退位された後の天皇の地位をどうするかが問題となった際には「上皇はどうか」という案が出たが、それが正しいのかどうか議論を呼んだ。また、皇室以外の勢力によって天皇を自在に退位させる道が開かれるとすれば、それは危惧されるべき問題となるだろう。

そうしたなか、政府は今上天皇の生前退位と、それにともなう皇太子さまの新天皇への即位について検討に入った。そして陛下の生前退位の法的な処理に関しては、『皇室典範』を改正することは避け、一代限りの特例法をもって臨むこととしたのである。

二〇一七（平成二十九）年六月九日には、今上天皇の生前退位を認める特例法が参議院本会議で可決されている。これは今上天皇一代を対象としたものだが、将来の先例となりうることが政府の見解によっても明らかになった。

いずれにせよ、今後はこの特例法に基づいて二〇一八（平成三十）年十二月二十三日の天皇誕生日に生前退位が行なわれ、ただちに皇太子さまが新天皇に即位し、翌二〇一九年の元旦に改元する方向で検討されることになっている。

Key word

生前退位

まもなく直面することになる皇太子不在問題と活動費用問題

◉皇太子不在という現実が到来する

生前退位のご意向を表明された天皇陛下に対し、そのご意向に沿った形が実現することになった。ただし譲位されるにあたり、多くの問題が生じることとなる。そのうち極めて重大なのが「皇太子がいなくなる」という問題である。

『皇室典範』では「皇位は、皇統に属する男系の男子がこれを継承する」とされ、皇太子を「皇嗣たる皇子」と規定している。つまり、「皇位継承順序一位の皇長子」だ。今上天皇の生前退位が実現すると、現皇太子でいらっしゃる徳仁《なるひと》親王が天皇として即位され、皇位継承順序一位の「皇嗣」は、徳仁親王の弟でいらっしゃる秋篠宮文仁《あきしののみやふみひと》さまとなる。しかし、文仁さまは新天皇の男子でないため、「皇太子」の称号を名乗ることはできない。

皇太子でないのなら、文仁さまはどんな称号になるのか。天皇陛下の弟君となられることから「皇太弟《こうたいてい》」という呼称も検討されてきたが、他の皇族よりも「格」が上であることを示すため、「皇嗣殿下《こうしでんか》」の呼称と決まった。

　皇室での活動を支える費用に関しても問題が浮上する。現在、皇室の方々の日常経費などは「皇族経済法」に基づいて支給されており、それは大きくふたつに分けられる。ひとつは天皇陛下と皇太子さまが受け取られる内廷費、もうひとつは独立して家を営んでいる宮家に年額で支払われている皇族費である。

　では内廷費と皇族費はおいくらかというと、平成二十九年度で天皇家の内廷費は年三億二千四百万円で、秋篠宮家に支給されている皇族費は内廷費よりはるかに少ない六千七百十万円で、そのうち当主である秋篠宮さまへの定額は三千五十万円となっている。

　秋篠宮さまが皇太子と同じ役割を担う皇嗣殿下となられた場合、ご公務はこれまでよりも増えると予想される。また、皇嗣にふさわしい活動をしなければならないのに現状の額面でいいのかという指摘もなされており、現在の3倍にあたる九千百五十万円が支給されることになった。

　天皇皇后両陛下にも同じ問題が生じる。生前退位後、今上天皇と美智子さまの日常の費用には、引き続き内廷費があてられるが、その金額規模はまだ明確になってはいない。

Key word
生前退位

退位後の天皇陛下は何と呼ばれ、どこにお住まいになるのか?

◉なんとお呼びすればよいのか?

天皇陛下の生前退位によって生じる変化はほかにもある。

たとえば、名称の問題があげられる。譲位された後、陛下をどのようにお呼びすればいいのかという問題である。これについては、政府が有職者会議で話し合わせた結果、退位後の呼称は「上皇《じょうこう》」、敬称は「陛下」が適当という方向性で固まり、特例法でもそう明文化された。現在の皇后陛下は「上皇后《じょうこうごう》」となる。敬称も「陛下」と決まった。

上皇という言葉は、歴史的に「太上天皇《だいじょう》」を省略した形で用いられてきた。中世史の専門家によると、「太上」には「無上」という意味があり、天皇の名称と比しても上下関係を感じさせないという。

しかし、疑問の声もあがっている。上皇は過去に院政を敷いたり政争を引き起こすなどしたため、負のイメージがついてまわるというのだ。上皇は権威の二重性を生み出すので、

生前退位後、天皇皇后両陛下がお住まいになると予想される東宮御所（毎日新聞社提供）

「太上天皇」と省略せずに使う形が望ましいという意見もあがった。

◉どこにお住まいになるのか？

今上天皇は生前退位後どこにお住まいになるのかという問題も無視できない。

天皇の通常のご住居は「御所」といい、現在、天皇皇后両陛下は皇居内の吹上《ふきあげ》御苑の一角にある御所で暮らされている。一九九三（平成５）に建てられた総面積四千九百四十平方メートル、鉄筋コンクリート二階建ての建物だ。

しかし、生前退位後は御所にお住まいになることはない。御所には新たな天皇陛下がお入りになるべきとの理由から、今上天皇は現在の皇太子殿下のお住まいである赤坂御用地内の「東宮御所《とうぐう》」に移られるという案が有力視されている。東宮御所は今上天皇が皇太子時代にお住まいになられていた場所でもある。そこを改築して新たなお住まいになさってはどうかという。

退位後の天皇皇后両陛下のお世話をする侍従職《じじゅう》も変わる。退位後は上皇職が置かれることになる。現在の侍従職には約八十人の職員が従事しているが、退位後は現在の東宮職と同じ五十人体制への移行が有力視されている。その代わり、皇居内の御所に移られる現在の皇太子さまの新しい侍従職は八十人体制へと変化し、東宮職は置かれない。

さらに、皇位継承順序二位と三位の親王がいる秋篠宮家にも変化がある。皇太子殿下が新天皇に即位されることにより、秋篠宮殿下は「秋篠宮皇嗣殿下」となる。これを受け、新たに皇嗣職という体制が整えられ、職員数を現在の二十二人から五十人へ増員する可能性が検討されている。

今上天皇が退位後にどんな活動をされるのかということについても、はっきり定義すべきとの声がある。天皇が担っているご公務は、一般の皇族とは意味が異なる面がある。退位後のご公務をご用意すると、他の皇族のご公務に影響を及ぼすから公務は控えたほうがよいのではないか、政治的な関わりを避けて海外の国賓への接遇程度にとどめるべきだろうといった声が出ている。

Key word
万世一系

皇位は男系男子に限る——そう決められている理由とは？

◉現在の皇位継承者は四名のみ

一九六〇（昭和四十）年に秋篠宮さまが誕生されて以来、皇室には長く男子が生まれなかった。そのため、皇位継承問題が大きく報じられるようになったが、二〇〇六（平成十八）年九月六日に秋篠宮家に悠仁《ひさひと》さまが誕生された。これで皇太子殿下、秋篠宮さまに次ぐ皇位継承順序三位が悠仁さまということになり、皇位継承問題はいったん先送りされた。

だからといって、猶予があるわけではない。『皇室典範』第一条には「皇位は、皇統に属する男系の男子が、これを継承する」とあり、悠仁さまを含めて皇位継承者は四名しかいない。それゆえ、将来を考えると女性皇族にも皇位継承権を与える必要があるのではないか、といった声があがっているのである。

明治時代の『旧皇室典範』では、天皇が側室との間に設けた庶子であっても、嫡出の皇子及び嫡男系嫡出の皇孫がいない場合などに皇位継承権が生じることがあるとされていた。

しかし、戦後に改定された『皇室典範』では、側室も庶子も認められなくなった。

それ以降、皇位継承資格を有する皇室の男性がもっとも多かった時期は、一九六五（昭和四十）年から一九八七（昭和六十二）年までの間で、このときは皇位継承者が九名を数えた。しかし現在では、四名にまで減ってしまっているのである。

◉「万世一系」であることの意味

では、そもそも皇位を男系男子に限る理由はどこにあるのだろうか。それは、「今までそうあり続けてきたから」というしかない。

国の成立を記した『日本書紀』によれば、初代天皇として神武《じんむ》天皇が即位したのが紀元前六六〇年とされている。それ以来、二六〇〇年以上にわたり、今上天皇まで合計して一二五代の天皇が皇位を継承してきた（無論、実在が証明されていない天皇もいる）。

その長い歴史のなかでずっと守られてきたのが「天皇は万世一系《ばんせいいっけい》であること」だった。万世一系とは、同一の系統が続くことであり、日本ではひとつの血筋が連綿と守られ続けてきた。これは世界中どの国でも見られない唯一無二の事象である。

二十世紀初め頃まではロシア、ドイツ、オーストリアなどにも皇帝と呼ばれる存在がいたが、ほとんどの国で君主制から共和制に移行したことにより皇帝の地位は消滅してしま

初代天皇として即位した神武天皇

った。今なお皇位の継承がなされているのは日本しかない。

過去には女性天皇も存在した。しかし、皇位継承者が幼いなど一時的な〝つなぎ〟としての女性天皇を除けば、いずれも男系の天皇である点は守られてきた。日本の皇室は、この天皇家の男系という血筋を引き継いでいる。そして、そのことが日本人の精神的な支柱であり続けてきたのである。

だからこそ、後述する「女系天皇の容認」は簡単な話ではなくなる。女系という別の血脈が生まれれば、連綿と続いてきた従来の系譜を絶やすことになってしまう。

男系天皇を維持するかどうかは、国民の意見を十分汲みとりながら慎重に議論を進める必要があるのだ。

Key word
万世一系

「女性天皇」と「女系天皇」では、どこがどう違う？

◉似ているようで異なる女性天皇と女系天皇

最近の皇室関連のニュースで、生前退位の問題とともにしばしば話題にのぼるのが、女性天皇と女系天皇の問題である。

この問題については、二〇〇四（平成十六）年に大きな議論となった。当時、『皇室典範』で定められた皇位継承順序では、第一位が皇太子徳仁さま、第二位がその弟でいらっしゃる秋篠宮さまだった。続いて第三位は今上天皇の弟でいらっしゃる常陸宮さま、第四位は昭和天皇の弟で今上天皇の叔父にあたる三笠宮崇仁親王《みかさのみやたかひと》。つまり、第三位以降の候補者が今上天皇と同世代もしくは年上という事態が起きていたのである。

そこで有識者会議が開催され、「男系男子に限定しない皇位継承はあり得るのか？」という議論がなされたが、これは単に「女性天皇を認めるかどうか」という問題ではなく、「女系天皇を認めるかどうか」という問題にまで発展した。

女性天皇と女系天皇の違い

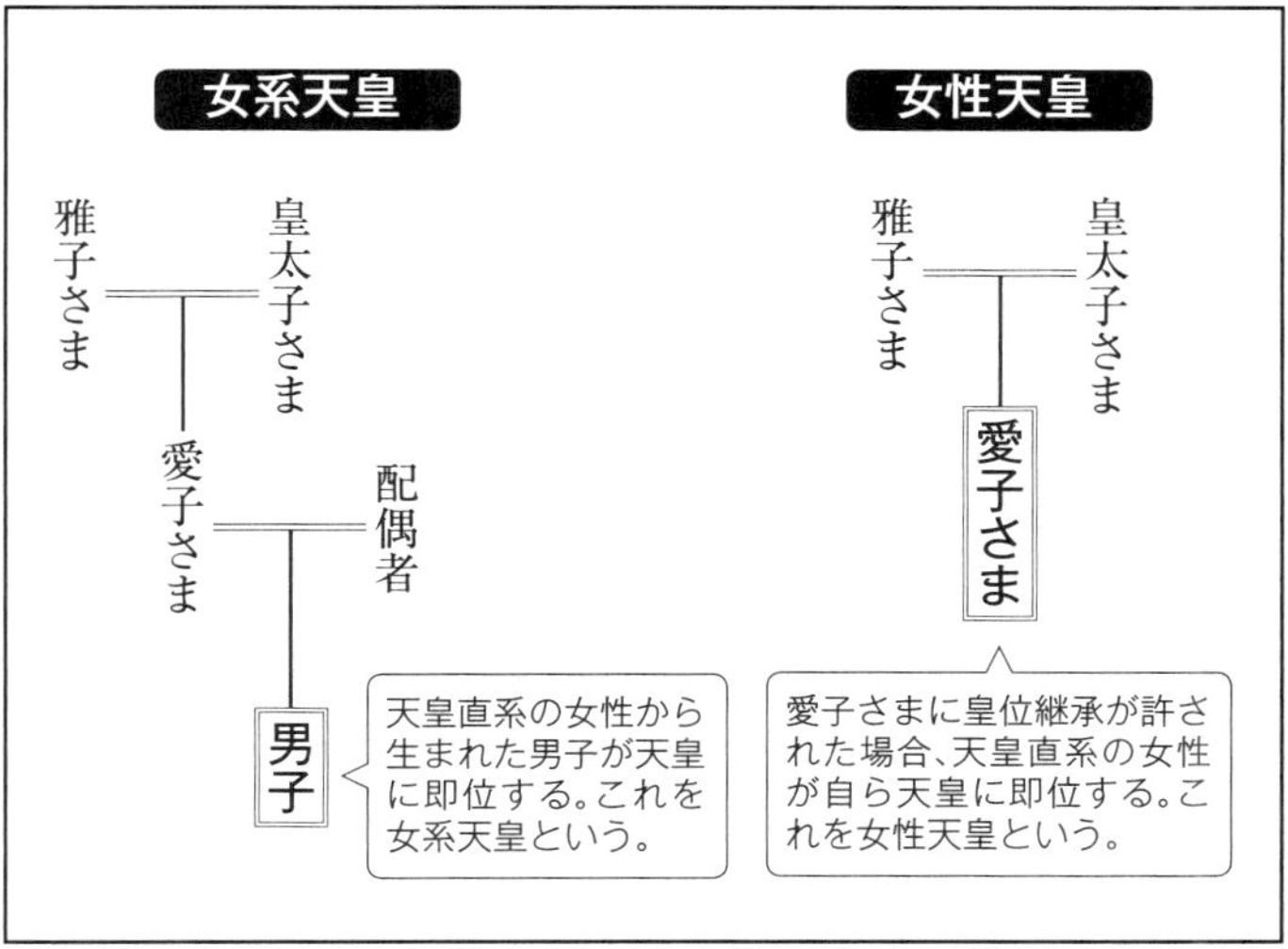

女性天皇と女系天皇。双方の言葉の響きに大きな違いはない。しかし、その意味合いは大きく異なる。

女性天皇とは、文字どおり女性が皇位に就くことを意味する。これに対して、女系天皇とは、母方だけに天皇の血統（皇統）を受け継いでいることを意味する。

皇太子ご一家の長女・愛子さまに、皇位継承が許されたと仮定してみよう。愛子さまは今上天皇の第一男子であり、継承順序第一位の皇太子さまの第一女子でもあるので、将来、愛子さまが即位されると「女性天皇」ということになる。

今度は、愛子さまがご結婚されて男子のお子さまがお生まれになったと仮定しよう。お子さまは母方だけに天皇の血を受け継いでいるため、将来、皇位を継承するとすれば男性であっても「女系天皇」になるわけである。

◉背景には万世一系の伝統があった

周知のとおり、現在の『皇室典範』では女系天皇が認められていない。『皇室典範』第一条において「皇位は皇統に属する男系の男子が、これを継承する」と記されている。したがって、愛子さまが女性天皇になることはない。男子をお産みになったとしても、そのお子さまは「女系」となってしまうため、そもそも皇位継承候補者の対象にすらならないのである。

これが「女性天皇」となると、事態は大きく変わってくる。歴史をひも解くと、古代には日本初の女帝として名を残している推古《すいこ》天皇をはじめ皇極《こうぎょく》天皇、持統《じとう》天皇、元明《げんめい》天皇、元正《げんしょう》天皇、孝謙《こうけん》天皇と多数の女性天皇が存在した（186ページ参照）。女性天皇の在位は江戸期にも見受けられ、明正《めいしょう》天皇と後桜町《ごさくらまち》天皇が即位している。

明治時代に入ると、皇位を継承するのは男系で、皇族の身分を有している者と暗黙のうちに決められたが、この時点では皇位継承順序に関して明確な規定は存在していなかった。皇位継承や継承順序が明文化されたのは、一八八九（明治二十二）年に制定された『旧皇室典範』によってである。

その後、終戦まもない一九四七（昭和二十二）年に現行の皇室典範に改められると、皇位を継ぐ者は天皇の血を引く、男系の男子と定められた。これが近年問題になっている女性天皇・女系天皇問題のルーツといえる。

二〇〇四（平成十六）年当時は、皇太子ご一家に愛子さま以外、お子さまがいなかったことから、皇室の未来を危惧する声が高まり、「『皇室典範』を改正して愛子さまが皇位を継承できるようにすべき」という主張が沸き上がった。

ただし、こうした意見に対しては賛成する人ばかりではない。「たしかに過去には女性天皇が存在したが、みな一代限りであって、彼女らの子どもに皇位は継承されていない、つまり女系天皇は存在してこなかった」との反論が出されるなど、『皇室典範』の改正には慎重な意見も多くみられた。

皇位継承にこれほどまで議論が白熱する背景には、先にも述べた「万世一系」といわれる日本ならでは歴史がある。万世一系は誇るべき歴史といえるだろう。しかし、それを維持しようとすることにより、また別の問題が生じているのである。

Key word
結婚

眞子さまのご婚約によりますます深刻になる皇籍離脱問題

◉結婚式まで続く数々の宮中儀式

二〇一七（平成二十九）年五月、皇室からハッピーなニュースが飛び込んできた。秋篠宮家の長女・眞子《まこ》さま（内親王）が大学時代の同級生である小室圭さんとご婚約の運びとなり、二〇一八（平成三十）年にご結婚される見通しとなったのである。

内親王の結婚といえば、今上天皇の長女・紀宮《のりのみや》さま（黒田清子《さやこ》さん）が、二〇〇五（平成十七）年に東京都庁勤務の黒田慶樹《よしき》さんとご結婚されて以来のこと。眞子さまのご結婚は約十二年ぶりの慶事であり、天皇皇后両陛下にとっては、初めての孫世代のご結婚となる。

今後、眞子さまと小室さんは、数々の儀式を経て結婚式へと至る。

まず、夫となる小室さんの使者が納采《のうさい》の品を携えて皇居を訪問する「納采《のうさい》の儀」、次に皇居に参上した小室さんの使者が結婚式の期日を伝達する「告期《こっき》の儀」と続く。

結婚式が近づくと、眞子さまが歴代の天皇や皇族の霊、神々らを祀っている皇居の宮中三殿を参拝する「賢所《かしこどころ》皇霊殿神殿に謁するの儀」が行なわれる。さらに結婚式の数日前には、眞子さまが天皇皇后両陛下の前へと進み、感謝の意を述べられる「朝見の儀」に臨まれる。

そして結婚式当日、新郎側の使者が眞子さまを宮廷にお迎えにあがる「入第《じゅだい》の儀」が行なわれる。これにより、ようやく皇族としての儀式が済み、晴れて結婚式を迎えられるのである。

ご結婚される見通しとなった眞子さま(毎日新聞社提供)

◉女性皇族と女系皇族の資格問題

眞子さまのご婚約・ご結婚報道により、日本列島は御祝いムードで包まれた。しかしその一方で、今後の皇室を危惧する指摘するも出されている。眞子さまはご結婚を済まされると、『皇室典範』の規定に則り、皇籍を離脱される。そして一般の国民と同じように住民登録され、選挙権などを与えられる。それの何が問題なのかと思う人もいるかもしれないが、皇籍離脱は皇族の減少を意味しており、将来的には皇統の存続にかかわる問題になりうるのである。

ここで皇位継承順序第三位である秋篠宮家の悠仁さまが成人されたときのことを考えてみよう。じつは、眞子さまと近い世代は、悠仁さま以外は女性皇族しかいらっしゃらない。つまり、悠仁さまが成人される頃、年齢の近い皇族の女性は誰もいらっしゃらなくなっている可能性があるのだ。

そこから、『皇室典範』を改正して女性宮家を認めてはどうかという議論が再燃することになった。現行の法では、未婚の皇族女性が一般の男性と結婚すると、皇室を離れなければならない。皇統の存続を考えれば、女性の皇族が結婚後も皇室にとどまる制度、具体的にいえば女性宮家を創設する必要がある、というのである。

今後、眞子さま以外の若い女性皇族が、続々と結婚される可能性がある。この事態にどう対処すればいいのか、皇位継承は男系男子に限るという大原則を含め、大きな論議へと発展していく可能性が含まれている。

Key word
新元号

平成から新たな元号へ
次はどんな元号になるのか？

◉生前退位後の新年に元号が変わる

二〇一六（平成二十八）年七月、今上天皇はご高齢を理由に皇位の在命中に地位を退く、生前退位のご意向をおもちであることが報じられた。これを受け、二〇一八（平成三十）年十二月二十三日の天皇誕生日に生前退位が行なわれ、ただちに新天皇が即位する方向で準備が進められている。

そして、新天皇即位にともなってなされる重大なイベントがある。それは新元号への移行だ。

生前退位は約二〇〇年前の一八一七（文化十四）年に光格天皇が退位されて以来のことであり、明治以降では初めての事例となる。しかし、新元号への移行に関しては、天皇が崩御した場合とは違って、退位までに何を準備すべきか、スケジュールはどのように設定するかなど見通しを立てやすく、政府は即位の半年前から数か月前を目安に、新元号を発表する予定を描いているともいわれている。また、新元号に改元する時期も二〇一九（平成三十一）年元日とする案が有力だ。

新元号の話題が出ると、なぜ天皇が代わるたびに元号も変えなければならないのか、という素朴な疑問を抱く人もいるだろう。その答えはじつにシンプルで、「法律に定められているから」である。

元号に関する法律『元号法』は、一九七九（昭和五十四）年に成立して施行された。昭和天皇が高齢化し、法整備の必要性が指摘されての制定だった。その元号法に、「元号は、皇位の継承があった場合に限り改める」と書かれている。これを「一世一元制」という

じつは一八八九（明治二十二）年に制定された『旧皇室典範』において、一世一元制はすでに明文化されていた。しかし、『皇室典範』が改正されたときに、元号に関する条項が省かれてしまったため、改めて法制化されるという経緯をたどったわけだ。

もっとも、この一世一元制は明治時代に入ってからのもので、それまでは天皇の代替わりだけでなく、吉事があったときや天変地異などの災いがあったときにも改元されていた。江戸時代の二六〇年間では、三十五回も元号が変えられている。

しかし、あまりにたくさん元号を変更していると行政が混乱しやすく、天皇の神格化にも支障が出る。そこで明治政府は一世一元化を明治元年に採用したといわれている。

◉元号名にふさわしい漢字とは？

現在の元号である「平成」が発表されたとき、小渕恵三官房長官（当時）が、「平成」と書かれた額をカメラに向けるシーンを憶えているだろう。

平成という元号は『史記』と『書経』からとられており、権威ある国文学者や中国文学者、歴史学者らがいくつか候補を提出し、閣議で最終的に決定された。平成のひとつ前の「昭和」に関しては、大正天皇が崩御されてからわずか数時間後に「新しい元号は『光文』だとするスクープ記事が踊ったものの、その七時間後には宮内庁が「昭和」と発表して世間を驚かせるという騒動を引き起こしている。

通常、一般の国民には元号の候補や決定に至る経過は知らされない。当然といえば当然のように思えるが、どのようにして新元号が決まるのかは気になるところである。元号を選定する際、いくつかの決まりごとある。まず漢字二文字であること、読みやすく書きやすいこと、そしてこれまでの元号に用いられておらず、俗用されていないことである。さらに、国民の理想としてふさわしい意味をもっていることも欠かせない要素とされている。

これらの留意事項を踏まえた結果、「治世感」のある漢字を組み合わせた元号が選定されるといわれている。さて、次の元号にはどのようなものになるのだろうか。

「象徴」という言葉の意味はどのように理解すべき？

◉戦後に確立された象徴としての姿

天皇が日本国の象徴とみなされていることは、誰もがご存じだろう。日本国憲法第一条に「天皇は、日本国の象徴であり日本国民統合の象徴であって、この地位は主権の存する日本国民の総意に基く」とある。

しかし、「象徴」という意味を尋ねられると、答えに窮するに違いない。「象徴である天皇」とはどのような地位を指し、どのような役割なのか、なかなかイメージしづらい。

「象徴」をもう少しやさしい言葉で言い換えれば、英語の直訳である「シンボル」になるだろうか。たとえば白いハトは平和のシンボルであるとされる。具体的で目に見える「白いハト」から、われわれは「平和」という概念をイメージすることができる。

日本国憲法が制定される際、「天皇が象徴である」ことの意味を問われた政府は、「人が天皇を見ることによって、日本国および日本国統合の姿を見ることができるようになるという趣旨である」と説明している。

「日本国統合の姿」とは、「ひとつにまとまる」ことを示している。国民がひとつにまとまった姿として、天皇がそのシンボルとして存在するということだ。

「天皇＝象徴」と位置づけられる前、天皇の地位はまったく異なるものだった。明治期に制定された大日本帝国憲法においては、「天皇は唯一の主権者であり、国家を治める立場にある」と解釈されていた。また大元帥の地位にあり、陸海軍を統帥する立場でもあった。つまり天皇は、国政にも軍事にも積極的かつ能動的な立場にあったのである。

しかし、主権が国民に存する現在の日本国憲法においては、天皇は国政に関しては消極的で受動的な立場に置かれている。つまり政治に関して何らかの主張をしたり、権利を行使したりすることは認められない。あくまで天皇は国民の総意によるシンボルでしかなく、「国事行為は行なう（日本国憲法第七条）」ものの、「天皇の国事に関するすべての行為には、内閣の助言と承認を必要とし、内閣が、その責任を負ふ（日本国憲法第三条）」と、天皇の役割は形式的、儀礼的である範囲にとどまると規定しているのである。

◉生前退位のご意向が意味すること

今上天皇は即位されたときから「国民の象徴」としての天皇であり、強大な権力が集中した時代があった昭和天皇とは異なるお立場で天皇としての歩みを始められた。そのお立場について、ご本人はよく認識されていた。

生前退位のご意向を示された二〇一六（平成二十八）年八月のお言葉のなかでも、象徴天皇としての在り方に言及されている。その部分を抜粋してみよう。

「即位以来、私は国事行為を行うと共に、日本国憲法下で象徴と位置づけられた天皇の望ましい在り方を、日々模索しつつ過ごして来ました。伝統の継承者として、これを守り続ける責任に深く思いを致し、更に日々新たになる日本と世界の中にあって、日本の皇室が、いかに伝統を現代に生かし、いきいきとして社会に内在し、人々の期待に応えていくかを考えつつ、今日に至っています」と述べられている。

ここには「象徴としての天皇の行ないは、何が望ましいのか」をご自身で常に考えながら、国民と交流すること、さまざまな分野の機関や団体と接点をもつことなどに挑戦してこられた誠実な日々を垣間見ることができる。

今上天皇は被災地をお見舞いに訪れ、被災者にお声をかけられるときに皇后陛下とともに膝をつかれ、真摯にお話を聞き、お言葉を返される。そのご様子は、国民に寄り添う象徴としてのお姿を示しているといえよう。まさに平成流のスタイルを、陛下は築かれたといえるのかもしれない。

第2章

皇室のしくみ

key word
皇室と皇族

同じようで異なる「皇室」と「皇族」の定義とは？

◉皇族には天皇が含まれない

テレビをはじめメディアで、天皇陛下やその周囲の方々が取り上げられる機会は少なくない。そのニュースを聞いていると、「皇室」という言い方と「皇族」という言い方をよく耳にする。

「皇室」と「皇族」。ふたつの言葉はよく似ており同じ意味のようにも思えるが、じつはきちんと使い分けがなされている。

どう違うのかいうと、「皇族」には天皇が含まれないが、「皇室」には天皇も含まれる。つまり「皇族」は、天皇の血筋を継ぐ一族のことを意味しているため、天皇は含まれない。『日本国憲法』第二条に明記された、皇位継承の順序や身分について定めている『皇室典範』を見ても、「天皇は独立した存在である」ことがうかがえる。

これに対して「皇室」は、「天皇を中心とするひとつの家」を示す言葉であるため、天皇も含まれることになる。

◉皇族は親王から王、王妃などに細分化される

では、皇族とはどのような方々なのだろうか。皇族とひと言でいっても、地位や身分は細かく分かれている。こうした皇族における地位や身分は「身位《しんい》」と呼ばれる。

皇室の構成図（2017年8月現在）

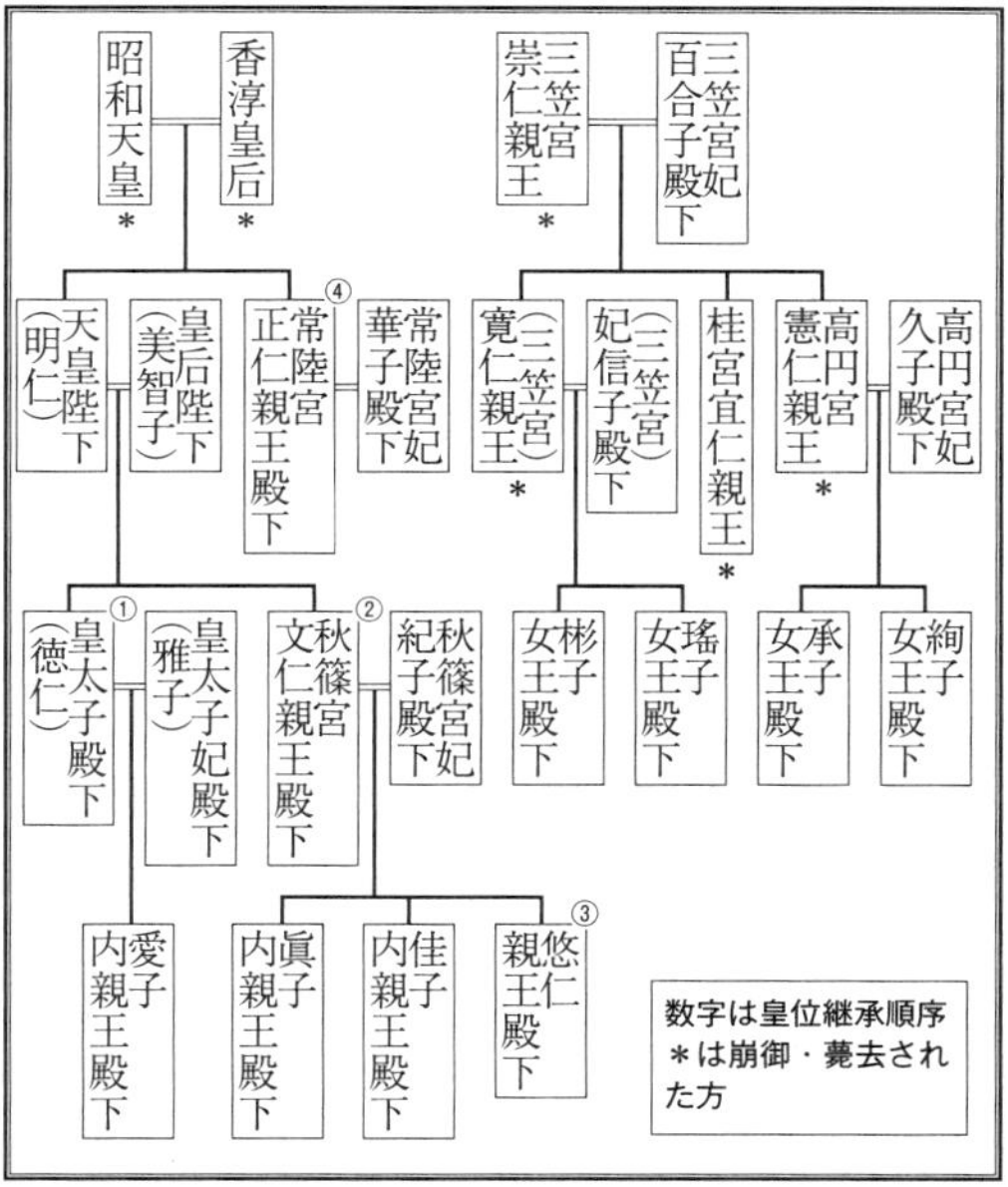

まず、現在の天皇陛下（今上天皇）の妻（妃）にあたる美智子さまが皇后陛下で、天皇の母にあたる先代の昭和天皇の妻がご存命だったときは、皇太后の身位となる。皇太后をさらにさかのぼり、先々代の皇后に対しては、太《たい》皇太后という身位があてられる。

次に、皇位継承最優先順序にあ

り、次期天皇に就く皇子は皇太子という身位になり、その妻は皇太子妃となる。現在は徳仁さまが皇太子で、雅子さまが皇太子妃となる。

さらに次の次の天皇、つまり皇孫は皇太孫《こうたいそん》という身位で呼ばれる。現在のところ、秋篠宮家の長男であられる悠仁さまが皇太孫である。悠仁さまが将来ご結婚された場合、その妻となった方が皇太孫妃となる。

天皇皇后両陛下のお子さまのうち、男子は総じて親王といわれ、その妻は親王妃という身位になる。現在は徳仁皇太子、その弟でいらっしゃる秋篠宮文仁さま、秋篠宮家の皇太孫の悠仁さま、今上天皇の弟の常陸宮さまら四人が親王である。

天皇皇后両陛下の間にお生まれになったお子さまが女性だった場合や、天皇の姉妹などの場合には、一般的に内親王と呼ばれる。皇太子の長女でいらっしゃる愛子さま、秋篠宮家の長女眞子さま、次女の佳子《かこ》さまがそうである。また、秋篠宮紀子さま、昭和天皇の三番目の弟である三笠宮家に嫁がれた百合子さま、その長男の寛仁さまに嫁がれた信子さま、寛仁さまの弟の高円宮憲仁《たかまどのみやのりひと》さまに嫁がれた久子さまが親王妃となる。

ちなみに、雅子さまや秋篠宮家の紀子《きこ》さまのように、民間から嫁がれた女性は結婚後に皇族となられる。ほかには、天皇から三親等以上離れた男子を王、王の妻は王妃、天皇から三親等以上離れた女子は女王という身位になる。これらを総称して「皇族」と呼んでいる。

Key word
宮家

秋篠宮、常陸宮、三笠宮……宮号をもつ皇族の一家

◉現在の宮家の数は四つ

皇族や皇室同様、「宮家」という言葉も、ニュースなどによく登場する。そもそも、宮家とは何を指すのだろうか。

近年、宮家が創立されたのは、一九九〇（平成二）年のことだった。皇太子さまの弟である礼宮《あやのみや》さまが、川嶋紀子さんとご結婚された六月二十九日に秋篠宮家が創立された。これが直近の宮家の創立である。

この例からもわかるように、宮家とは、長男がその家を継承するのに対して、次男や三男が独立した際に与えられる名称である。言い換えれば、宮家を名乗れるということは、皇族の身分をもっていることである。とはいえ、宮家とは便宜上つくられた呼び名であって、法的に定められたものではない。

現在、日本の皇室には宮家が四つある。先にあげた秋篠宮家のほか、昭和天皇の次男で

あり、今上天皇の弟が創立した常陸宮家、昭和天皇の末弟が創立した三笠宮家、そして三笠宮家の三男が創立した高円宮家である。昭和天皇の弟の秩父宮さまや高松宮さまの家は、今日まで続いておらず、宮家は減少傾向にある。

秋篠宮や常陸宮といった宮家の名称は「宮号《みやごう》」といい、皇族が独立する際に天皇から贈られる。慣例として、古くからある地名にちなんでつけられるケースが多い。三笠宮の場合は奈良の三笠山をもとに命名され、常陸宮の場合は常陸という茨城県の旧国名をもとに命名された。

なお、この宮号と、親王や内親王の幼少期の称号としての宮号（たとえば皇太子さまは浩宮《ひろのみや》、秋篠宮さまは礼宮、常陸宮さまは義宮《よしのみや》など）を混同している人が少なからずいるようだが、宮家の名称とは別である。

幼少時の宮号は、親王、内親王が誕生なさったときに、命名とともに天皇から授けられるものであり、独立して宮家を創立して宮号を授けられたときに使われなくなる（52ページ参照）。

◉宮家の減少に関わったGHQ

宮家の歴史をたどると、遠く鎌倉時代頃までさかのぼる。当時の天皇家において、天皇の血筋である皇統が断絶するような危機があってはならないと、皇族の身分をもっていることを示す宮家が創設された。その後、宮家は次々と創設されて、明治期には天皇の直系ではない宮家だけで一五を数えた。

そうした宮家の流れを大きく変えたのが、太平洋戦争における日本の敗戦だった。一九四七（昭和二十二）十月、日本を接収していたGHQ（連合国軍最高司令官総司令部）が、天皇の直系ではない十一の宮家に対して、皇族の財産上の特権の剥奪を発令し、皇籍から離脱するように命じた。

これによって山階宮家《やましなのみや》、賀陽宮家《かやのみや》、久邇宮家《くにのみや》、梨本宮家《なしもとのみや》、朝香宮家《あさかのみや》、東久邇宮家《ひがしくにのみや》、北白川宮家《きたしらかわのみや》、竹田宮家《たけだのみや》、伏見宮家《ふしみのみや》、閑院宮家《かんいんのみや》、東伏見宮家《ひがしふしみのみや》の計十一宮家、五十一名が皇籍から離脱しなければならなくなったのである。

その背景には、皇室の財産を国庫に戻し、戦後の復興に費やすための財政基盤を確保しようという狙いがあった。また、皇室の財政を縮小することで、運営の負担を減らそうという意図もあった。

しかし時代が変わり、皇室の継承問題が浮上している今では、旧宮家を復活させてはどうかという意見も浮上している。

Key word 皇室の権利

皇室の方々は選挙権を有していないという意外な事実

◉皇室の方々にはさまざまな縛りがある

皇室の方々は日本の国籍をもつ日本国民である。しかしながら、一般の国民なら当然もっていいしかるべき権利を享有できていない現実がある。ここでは、皇室の方々に認められていない権利を具体的に紹介していこう。

まず、選挙に関する諸々の権利である。皇室の方々には選挙権もなければ、被選挙権もない。支持する政治家がいたとしても、選挙で一票を投じることはできないし、ましてや選挙に立候補するお立場にもない。

その理由は、皇室の方々には戸籍がないからだ（48ページ参照）。戸籍法が適用されないため、選挙権被選挙権も認められないのである。

また、皇籍を離脱しない限り、転居したり国籍を離脱して国外に居住することも許されない。可能なのは、留学して海外での暮らしを経験するくらいである。

皇室の身分を離脱すればよいのでは、と思うかもしれないが、その選択の自由も認められていない。

かつて「ヒゲの殿下」として親しまれ、皇室のご意見番として活躍されていた三笠宮寬仁さまは、ある月刊誌上で、皇族であることの不満を指摘されている。

そのなかで、寬仁さまは皇族には医療保険がないとされ、ご自身が病気で何十回も入退院を繰り返されたが、そのほとんどは自費であると告白。さらに、札幌オリンピック組織委員会事務局職員として初任給約四万円のサラリーを得ていた時代には、国民保険や社会保険、厚生年金、住民税、失業保険を支払った、とぼやいておられた。

実際、天皇陛下や皇族の方々は健康保険証をおもちではない。宮内庁病院であれば医療費は発生しないが、ほかの病院で治療を受けた場合は全額自己負担になる（100ページ参照）。

そのほか、婚姻の自由も制限されている。皇室会議で議決を経ないと婚姻できないのだ。天皇陛下や皇太子さまに関する制限はさらに厳しい。たとえば、公務に専念されることが求められ、職業を選択する自由はない。ほかの皇族の方々は就職できるが、それでも財団法人や社団法人といった公的な機関に限られているのである（95ページ参照）。

皇室の方々は、お立場がお立場なせいで、不便な身上なのである。

key word

皇室の権利

皇室の方々は戸籍がなく、名字ももっていない

◉戸籍に代わる皇統譜とは?

われわれ日本人が日本人であることを公に証す公文書が戸籍である。戸籍には本籍地をはじめ、各個人の氏名や生年月日、性別などが記載され、父母からの続柄が示されている。戸籍法が最初に制定されたのは、一八七一(明治四)年のことだが、その後たびたび改正された。現在の戸籍法が制定されたのは一九四七(昭和二十二)年のこと。民法の改正にともない、従来の戸籍法が全面改正され、翌一九四八(昭和二十三)年一月一日から施行された。

戸籍は本人の本籍地の市町村に置かれている。そして、出生から死亡に至るまでの親族の関係が一覧できる公文書として保管されている。

ところが、日本人の誰もが適用される戸籍法が、適用されない人々がいる。それが天皇陛下をはじめとする皇室の方々。皇室の方々には戸籍がないのである。

さらに皇室の方々は、戸籍に記載されるべき名字もおもちではない。歴史を振り返ると、天皇は氏姓を授与する側であり、自身が氏姓をもつ必要がなかった。この伝統が今も続いているのである。このことは皇室の大きな特徴のひとつであろう。

皇太子妃の雅子さま、秋篠宮妃の紀子さまは、お二人とも結婚を機に旧姓の小和田姓と川嶋姓を捨てられることになった。それ以来、お二人に名字はない。

皇室に嫁いだ場合、名字がなくなり、「皇統譜」という皇室の戸籍というべきものにお名前が記載される。この皇統譜は「大統譜」と「皇族譜」のふたつに分かれる。

大統譜には天皇と皇后のお名前をはじめ、歴代の天皇のほか、神代の天照大神《あまてらすおおみかみ》にいたるまでの系譜が収められている。お名前のほか、生年月日とお生まれになった時刻、場所、天皇が即位した後に初めて行なう儀式である大嘗祭の年月日、結婚の儀の年月日、命日、陵墓の名称などが記載されている。

一方、「皇統譜」には天皇皇后両陛下以外の皇室の方々について記載されている。天皇陛下の後継者である皇太子さまも皇統譜に記載されるが、天皇として即位されたときに大統譜に書き換えられる。

この大統譜と皇族譜はいずれも宮内庁長官が記入し、宮内庁書陵部長が署名する。その後、正本は宮内庁書陵部が保管するが、副本は法務省で保管されることになっている。

Key word
東宮

なぜ、皇太子さまは「東宮」と呼ばれるのか？

◉「東」は縁起のよい方角

皇太子ご一家のお住まいは皇居にはなく、東京都港区元赤坂の赤坂御用地内に位置する東宮御所《とうぐうごしょ》にある。東宮御所という言葉は、報道でよく耳にするはずだ。

では、この「東宮」には、どのような意味があるのだろうか。

古代中国では、東宮とは皇太子の住む宮殿を指しており、それが転じて皇太子のことを表わすようになったとされる。その背景には、東を縁起が良い方角とみなす思想があった。

古来、東は万物の生成を示す春を表わす方角と考えられていた。そして方角の東と季節の春はともに若い生命力に満ちているとみなされていた。また、春は易学の「震卦《しんけ》」にあたり、震は長男を意味していた。

そのため、皇太子の住まい、さらに皇太子自身を「東宮」と表現するようになったのである。この東と春の関係から、東宮を「春宮」と書いて「とうぐう」と読むこともある。

赤坂御用地は、皇居から西南西に二キロほど離れている。広さ五〇万八九二〇平方メートルという広大な敷地のなかにあり、皇太子ご一家だけでなく秋篠宮ご一家や三笠宮妃ご一家、高円宮妃ご一家の各宮家もお住まいを構えられている。

皇太子殿下は、公務の多くを東宮御所で行なわれている。御所内にはご家族が過ごされる私室のほかに「日月の間《じつげつのま》」「檜の間《ひのきのま》」など、訪問者と面会するための部屋が設けられている。つまり、東宮御所は宮殿機能をもっているのだ。

もちろん、天皇皇后両陛下がお住まいになられている皇居にご公務として訪れることもたびたびある。皇居内で催される外国賓客をもてなす宮中晩餐会や昼食会にご出席されるし、歌会始《うたかいはじめ》などの恒例の宮中行事にも臨まれる。

また、天皇陛下が海外をご訪問される際やご病気を召された際は、皇太子さまが陛下の国事行為を代行して務める。そのときも、執務は東宮御所で行なわれるのではなく、皇居に赴かれて行なわれる。

皇太子さまのお務めは東宮御所と皇居とでなされているのである。

Key word
称号と宮号

かつては礼宮さま、今は秋篠宮さま「称号」と「宮号」の違い

◉称号は天皇と皇太子の直系のみに与えられる

皇室の方々に対しては、「○○宮」という呼称が使われている。この「○○宮」はじつはふたつあり、それぞれ意味合いが異なることをご存じだろうか。

ふたつの宮とは、「称号」と「宮号」である。

「称号」は文字どおり「号を称する」ことを意味し、名前以外で特定の人を指し示す呼び名として使われていた。それがやがて皇位や王位、王室などで用いられるようになり、日本の皇室では天皇直系の親王や内親王に対して幼少時に与えられる名となっていった。つまり、天皇と皇太子の子どもだけが、幼少時に「○○宮」という称号をもつのである。

たとえば、今上天皇の称号は「継宮《つぐのみや》」と称された。皇太子さまは「浩宮」、弟の秋篠宮さまは「礼宮」、長女の清子さま（黒田清子さん）は「紀宮」である。

皇太子さまの長女・愛子さまは、皇太子の直系であるので「敬宮《としのみや》」という称号をおもち

だが、皇位継承順序第三位の悠仁さまは、皇太子の直系ではないので称号をおもちでない。これは、秋篠宮家の眞子さまや佳子さまも同じである。

称号は厳格な手順に沿って授けられる。

愛子さまのケースを例にとると、ご誕生から五日後、天皇陛下は新宮である愛子さまに名前を贈ることを伝達された。伝達相手は宮内庁長官である。

その後、大高檀紙という大型で厚手の和紙に称号と名前とが書かれた「名記」を、菊の紋章がついた檜の箱に納め、長官から侍従長、皇太子殿下へと届けられ、正式に称号が決定した。名記は天皇陛下の宸筆（真筆）で、宮内庁病院に運ばれ、ご誕生の愛子さまの枕元に安置された。こうして「命名の儀」は終了となる。

もうひとつの「○○宮」である「宮号」は、「秋篠宮」とか「三笠宮」など、独立して新たな家を創立するときに、家の名を新たにつける際に使われる（43ページ参照）。

基本的には結婚して独立する際、天皇から宮号が授けられる。秋篠宮は奈良の「秋篠川」、常陸宮は茨城県の旧名「常陸国」、三笠宮は奈良の「三笠山」にちなんで命名されたものである。

Key word
成人年齢

天皇や皇太子は二十歳ではなく十八歳で成人する⁉

◉成人をきっかけに公務が始まる

お酒は二十歳《はたち》になってから――よく知られたフレーズである。二十歳はすなわち大人と認められる年齢であり、毎年一月の「成人の日」ともなれば、新成人たちが華やかな着物姿や袴姿などで着飾って式典に臨むものだ。

ところが皇室の場合、成人にあたる成年の年齢が一般とは異なる。『皇室典範』では、「天皇と皇太子及び皇太孫は、満十八歳を迎えると成年を迎える」と定めているのである。つまり、このルールが適用されるのは皇室の方全員ではなく、あくまでも皇位を継承する方々だけということになるが、いったいなぜ、こうした取り決めがなされたのだろうか。

その理由は、即位年齢を考慮しているからである。

未成年で即位すると、幼い天皇を補佐するために摂政《せっしょう》を置かなければならない。その期間をなるべく短くするために、満十八歳を迎えると成年を迎えるという決まりをつくったのである。

今上天皇は一九五二（昭和二十七）年十一月十日、当時の皇居仮宮殿で成年式を行なわれた。本来は、十一ヶ月前の十八歳の誕生日に成年式を迎えるはずだったが、その年に祖母の貞明皇后が崩御したために、延期されたという経緯があった。

服装は燕尾服《えんびふく》など洋装にされたらどうかという意見があったが、結局のところ従来通りの束帯《そくたい》姿で成年式である「加冠《かかん》の儀」に臨まれている。

現在の皇太子さまの場合、十八歳を迎えられたときには、まだ皇太子の地位にはなかった。そのため他の皇族の方々と同様、二十歳の誕生日である一九八〇（昭和五十五）年二月二十三日に一親王として成年式を迎えられた。天皇の在位中に皇太孫が成人を迎えるのは、皇室の歴史上初めてのことだった。

加冠の儀では、未成年の儀服である黄丹闕腋袍《おうにけってきのほう》、空頂黒幘《くうちょうこくさく》姿から、成年の証である燕尾《えんび》纓《えい》のついた冠を頭にのせられる。これが成年式ではもっとも重要な儀式とされている。

当時、皇太子殿下は学習院大学に在学中の大学生だったが、この成年式を機として、さまざまな公式行事に出席されるようになった。

なお、政府は成人年齢を十八歳に引き下げる民法の改正を目指しており、二〇二一年施行の方向で調整されている。

Key word
紋章

天皇家の紋章はどういう経緯で「菊の御紋」になった？

◉十六葉八重表菊の権威

家紋といえば徳川家の葵《あおい》の御紋、豊臣家の桐紋、真田家の六文銭《ろくもんせん》などが広く知られているが、天皇家であることを示す紋章も存在する。通称「菊の御紋」である。

菊をモチーフにした家紋は、菊の御紋以外にも数多くある。そのうち、菊の花弁を図案化したものは「菊花紋章」といわれ、皇室の紋章もこの菊花紋章に属している。天皇および皇室を示す菊花紋章は、八重菊をデザインした「十六葉八重表菊」が使われている。

紋章が日本のなかで使われるようになったのは、平安時代からといわれる。公家が衣装に好みの文様をあしらうようになると、おしゃれのひとつとして競い合ったようだ。

やがて紋章は公家の世界にとどまらず、鎌倉時代に入ると武士の世界でも好んで使われ始める。衣装にとどまらず、懐紙や刀剣の飾りにするなど、幅広く使われるようになっていった。天皇家が菊花紋章を使い始めたのもこの時代である。

そもそも菊は日本の花ではない。中国大陸原産の花で、観賞用の菊として奈良時代になって伝えられた。輸入されると、高潔な美しさに満ちた花だと評判になり、梅や竹、蘭とともに君子の花として愛された。

なかでも、後鳥羽上皇はことのほか菊を好んだといわれ、自らのシンボルマークとして、菊花紋章を使い始めた。それ以後、菊花紋章は歴代天皇に使用されるようになり、皇室の紋章として定着していったのである。

そして一八七一（明治四）年、菊花紋章の天皇家以外の使用が禁止されると、これによって高貴な紋として広く認識されることになった。

皇室の正式な紋となったのは、一九二六（大正十五）年制定の『皇室儀制令』によってであり、「紋章ハ十六葉八重表菊形トシ左ノ様式ニ依ル」と定められた。これを機に、天皇や皇后などの天皇家直系は十六葉八重表菊を、その他の皇族は十四葉一重裏菊を紋章に使用し始めた。

『皇室儀制令』は戦後の一九四七（昭和二十二）年に廃止されされたが、十六葉八重表菊の御紋は唯一無為の紋章であり続け、今日に至っている。法的にも国旗と同等の価値があるとされており、似たようなデザインを施した商品は商標登録できない。

Key word

お印

今上天皇は「榮」、皇后は「白樺」天皇と皇族のシンボルマーク

◉おひとりおひとり別々のお印をもつ

天皇陛下と皇族の方々は、それぞれ「お印《しるし》」をおもちになられている。お印とは天皇陛下や皇族の方々が身のまわりの品につける印のことで、おひとりずつに異なるお印が授けられている。お印は江戸後期の光格天皇の子どもたちに与えられたのが始まりとされ、明治期に定着した。もともとは宮廷内の女性たちの間で流行していた習慣との説もある。

お印はバッジなどの徽章に使われるほか、宮家を創立したときにつくられる品々に用いられ、祝賀行事の際に使われるボンボニエール（祝い事に贈られる小物入れ）に刻まれたりする。いわば、当人のシンボルマークだ。

たとえば、今上天皇の長女である紀宮さま（黒田清子さん）は、結婚式の引き出物に自身のお印である「未草《ひつじぐさ》」が入った陶器のボンボニエールをお使いになられていた。

また、皇后陛下・美智子さまや皇太子妃・雅子さま、秋篠宮妃・紀子さまのように民間

から皇室入りされた方々は、ご結婚されたときにお印が決められる。

ではここで、どのようなお印があるのかを見てみよう。

今上天皇は「榮《えい》（桐の別名）」である。天皇の長男としてご誕生された方は文字のお印になる。美智子さまは「白樺《しらかば》」。陛下と軽井沢のテニスコートで出会われ、ロマンスを育まれたことは有名で、白樺は軽井沢を象徴する樹木のため採用したといわれる。

皇太子さまは、本来なら文字のお印になるはずだが、ご誕生になられたときに皇太子ではなく皇太孫だったため、「梓《あずさ》」が採用された。雅子さまは「ハマナス」、愛子さまは「ゴヨウツツジ」である。五葉躑躅《ごようつつじ》は初夏に純白の花を咲かせる美しい花。那須御用邸の敷地内に咲いており、皇太子殿下と雅子さまがお好きであったため、「純真な心の持ち主になってほしい」という願いからお印に採用されたといわれている。

皇太子さまの弟である秋篠宮さまは「栂《つが》」。昭和天皇も植樹された高野山の保護林に、「高野六木」という大切に保護されている木があり、栂はその一本である。紀子さまは「檜扇菖蒲《ひおうぎあやめ》」、眞子さまは「木香茨《もっこうばら》」、佳子さまは「ゆうな」である。長男の悠仁さまは、高さ三十～四十メートルの日本固有の常緑樹「高野槇《こうやまき》」で、まっすぐ延びる樹形であることから、「大きくまっすぐ育て」という願いが込められた。植物ばかりだが、必ず植物を選ばなくてはならないわけではないとのことだ。

Key word
御所言葉

奥ゆかしい響きを感じさせる宮中独特の言葉がある

◉奥ゆかしく雅な言葉

独特の世界である宮中では言葉も一種独特で、一般とは異なる「宮中言葉」が使われている。

よく知られた宮中言葉としては、幼い子どもが両親を呼ぶときの言葉、具体的には父親を「おもうさま」と呼んだり、母親を「おたあさま」「おたたさま」と呼んだりするものがあげられる。たしかに奥ゆかしい響きの言葉であるが、世間とは隔絶しており、外国語のように聞こえなくもない。

こうした宮中言葉は室町時代のころから御所の間で天皇に仕える女官《にょかん》によって使われ始めた。宮中では女官には厳格な序列があり、天皇には最上級の敬語を使う必要があった。そのため、丁寧語の「お」を多く使う傾向になったといわれている。

たとえば、米を「およね」、塩は「おしろもの」、味噌汁を「おみおつけ」、足を「おみあし」などという。そのほか、婉曲的に表現するため、かもじ（髪）、すもじ（すし）、たもじ（たこ）、おめもじ（会う）などと語尾に「もじ」のつく言葉（文字詞）も多い。

また、世俗的な言葉をできるだけ避け、お金を「おたから」、値段が高いことを「むつかしい」と上品に言い換えた隠語を用いるのも宮中言葉の大きな特徴である。

これら宮中言葉は丁寧かつ婉曲な言いまわしで、宮中で暮らす女性たちのどこか奥ゆかしい姿をほうふつとさせる。

昭和天皇が女官制度の改革に着手したことから、宮中言葉は次第に姿を消していき、現在はごく普通の言葉が使われている。もちろん、宮中の方々は言葉遣いには十分気をつけていらっしゃるだろう。

それでも美智子さまはお子さまたちをそれぞれ「ナルちゃん（徳仁の頭文字）」「アーヤ（礼宮の頭文字）」「サーヤ（清子の頭文字）」と愛称で呼ばれていた。一般の家庭と変わらない呼び方で、温かい団らんを大事になさっていたことが伝わってくる。

宮中言葉は時代とともに失われつつあるが、意外にもわれわれがふだん口にしている言葉にその名残を見ることができる。たとえば、しゃもじ、おかか、おむすび、おかゆ、おひや。これらは、宮中言葉が一般に広まった例である。

key word
皇室の学校

なぜ、皇室の方々の多くは学習院に通うのか？

●最初は京都で開校した学習院

皇室のご子息が通う学び舎と聞いて、すぐ思い浮かぶのは学習院だろう。今上天皇と弟の常陸宮さまは初等科から大学までを、皇太子さまと秋篠宮さま、紀宮さま（黒田清子さん）のご兄妹は幼稚園から大学までを学習院で過ごされた（紀宮さまは一年間の年少保育の期間、柿ノ木坂幼稚園に通園されていた）。

この学習院の歴史は幕末に始まる。一八四七（弘化四）年、一二〇代・仁孝《にんこう》天皇のご遺志により、公家の教育を目的として学門所を開くことを幕府が認め、学習院が生まれた。その名は一八四九（嘉永二）年に孝明《こうめい》天皇により下賜されたもので、当時は公家の教育機関として京都に置かれていた。

その後、時代が幕末から明治に変わると、新しく即位された明治天皇とともに、皇族や公家は東京へと居を移すことになった。これに呼応して一八七七（明治十）年東京に華族学校が設立され、京都の学習院の名前が、明治天皇によって華族学校に下賜されたのだ。

東京で開校したばかりの学習院は、現在の目白一帯ではなく、神田錦町に建てられていた。その後、女子部が四谷尾張町に移り、中高等科が目白高田町に開設され、皇族、華族が通うことが義務づけられた。一九二六（大正十五）年には『皇族就学令』第二条で『皇族男女ハ……学習院又ハ女子学習院ニ於テ就学セシム』と明文化されている。

このような経緯であれば、皇室の方々が学習院へと進まれるのも無理はないといえよう。大正天皇や昭和天皇、昭和天皇の妻である香淳皇后も学習院で学ばれている。

ただし、これまで当たり前のように考えられてきた「皇室といえば学習院」という流れは、最近になって変わってきている。二〇〇五（平成十七）年、高円宮妃久子さまの長女の承子《つぐこ》さまが学習院女子大学を中退し、早稲田大学へと転学ののち卒業された。妹の絢子《あやこ》さまもご興味があった福祉分野を学ぼうと城西国際大へ進まれた。

高円宮家だけではない。秋篠宮家の長女の眞子さまが学習院高等科からＩＣＵ（国際基督教大学）へと進学。次女の佳子さまも学習院大学を中退してＩＣＵへと学びの場を移されている。皇位継承順序第三位で長男の悠仁さまは、幼稚園から学習院では学ばず、幼稚園から国立大学法人のお茶の水女子大学附属幼稚園、同附属小学校へと進まれている。若い世代の皇室の方々のあいだで「学習院離れ」が起こっているのかもしれない。

Key word
海外渡航

皇室の方々が外国を訪問する際にはパスポートもビザも不要!?

◉天皇陛下と皇后陛下はフリーパス

天皇陛下をはじめとする皇室の方々は、ご公務で外国をご訪問されることがある。ご訪問によって親善を深め、日本のイメージを高めることに寄与されている。

一般の国民が海外を訪れる際にはパスポート（旅券）が必須だが、皇室の方々のパスポート事情というのはなかなか興味深い。

まず、天皇皇后両陛下に関しては、パスポートを必要としない。そればかりか、国によって必要となるビザ（査証）の取得も求められることがない。これは、「元首は旅券不要」という国際的な慣習に則って取られている措置だ。

ただし、この慣例が適用されるのは天皇皇后両陛下に限られる。皇太子さまをはじめとする他の皇族の方々は、一般の国民と同様にパスポートを携帯されている。

では、皇族の方々のパスポートはどのようなものなのか。じつは一般旅券と同じ仕様ではなく、特別なものが発給される。記載事項は一般の旅券と同じだが、官職の欄には、「メンバー・オブ・インペリアル・ファミリー」、つまり「皇室の一員」と記載されているのである（皇太子さまの場合は「クラウン・プリンス・オブ・ジャパン」）。

また、パスポートは外交官用のパスポート（外交旅券）の扱いとなる。外交官や大臣が公務で海外に飛び立つ場合に適用されるパスポートである。実際、皇太子さまが一九八三（昭和五十八）年から一九八五（昭和六十）年にかけてイギリスに留学された際も、外交官用のパスポートで渡欧された。

外交官用のパスポートは、一般の人に交付されるパスポートとは見た目も性質も異なる。まず見た目については、一般用の表紙は有効期間によって紺または赤なのに対して、茶色の表紙である。これは首相や大臣、大使などにも使用されている。

有効期間も大きく異なる。一般用は二十歳以上の場合で十年用と五年用の有効期間が設けられている。ところが、外交官用のパスポートは一往復のみ。つまり皇室の方々は、渡航するたびに外交官用のパスポートを取得している。少々面倒に思えるが、皇族の方々がそのたびに手続きされているわけではない。宮内庁長官の名で外務省に申請された後、この特別な旅券を発給してもらうのである。

Key word

運転免許

今上天皇は現役ドライバー？皇室の方々の多くは運転免許取得済み

◉八十二歳で運転免許を更新された今上天皇

皇室の方々がお車の中から手をお振りになる姿や、皇居に向かわれる際にお車に乗られている姿を、メディアを通じて目にしたことがあるだろう。

このとき、皇室の方々を乗せるお車の運転は、宮内庁の車馬課に属する職員が行なうのが基本である。お車が交通事故に巻き込まれては大変な事態になりかねないので、職員は慎重のうえにも慎重を期しているのは当然のことといえよう。

それでは、皇室の方々は運転免許証をお持ちではないのかというと、そうではない。むしろ免許をおもちの方は少なくないのだ。驚くなかれ、天皇陛下も自動車運転免許証をおもちになられている。

陛下が自動車の運転免許を取得されたのは一九五四（昭和二十九）年のことというから、免許保有歴はかなり長い。当時のご年齢はちょうど二十歳だった。

運転免許を取得されてからは、お車の運転を宮内庁職員に頼るばかりでなく、ご自身がハンドルを握られてドライブをされたこともおありだ。

陛下がまだ皇太子であられた頃、妹の清宮貴子内親王（島津貴子さん）とともにドライブされているところをメディアが報じたことがあった。時代は戦後の経済復興期。当時、車は庶民にとっては高嶺の花というべきものだった。マスコミは「皇太子みずから国産車を運転」などと見出しを打った。その影響だろうか、国産車人気に火がついたのだ。

美智子さまとのご結婚後も、陛下は美智子さまをお乗せになって、みずから運転されている。一九六五（昭和四十）年には静養先の軽井沢で、美智子さまを作家・川端康成氏の山荘までお車で送られ、川端氏を驚かせたという。

陛下は、現在も現役の運転免許保持者である。二〇一六（平成二十八）年一月に八十二歳を迎えられた陛下は、これが最後だといわれる自動車運転免許を更新するため、高齢者講習を受講され、無事に更新を果たされた。

原則として、現在は公道を運転されることはないが、皇居内は広い。一キロほど離れたテニスコートへの移動の際などに、美智子さまを愛車（インテグラだといわれている）に乗せて、ドライブを楽しんでいるとのことだ。

◉その他の皇室の方々の運転歴は？

今上天皇以外の皇室の方々の運転事情はどうだろうか。

美智子さまは二十年前に自動車運転免許を取得されようとしたが、仮免許の段階まで進んだところでストップされている。

皇太子さまは免許を取得されていないようだが、雅子さまは皇室入りする前から免許を取得されており、静養先で自動車を運転されたことがある。

秋篠宮さまも免許をおもちで、若い頃には黄色のフォルクスワーゲン・ビートルを愛車にされていて話題となった。紀子さまは大学時代に免許を取得されており、御用邸などではハンドルを握られることもあるという。次女の佳子さまも取得され、公道で護衛車とともに実践経験を積まれている姿を目撃されている。

また、陛下の長女の紀宮さま（黒田清子さん）は現役のドライバーで、嫁ぎ先からマイカーで皇居へと里帰りする姿は珍しくない。

運転免許を取得するため、皇室の方々が一般の人に交じって自動車教習所に通うことはない。お忙しい公務を抱えていることや、警護体制に混乱を招きかねないことから御用地のなかで練習を重ね、その後、都内の運転免許試験場で試験に臨まれるのが一般的である。

key word

宮内庁

皇室のさまざまな活動をつかさどる重要機関の裏表

◉宮内庁の歴史をたどる

皇室関係の国務業務を担っているのは宮内庁である。ひらたくいうと、宮内庁は天皇皇后両陛下をはじめとする皇室の方々が臨まれる宮中での行事、国内外へのお出まし、諸外国との親善などのご公務に加え、皇室の方々の日常生活など、直接お身辺のことを担当している。さらに、皇室に関する文化の継承、皇居や京都御所などの皇室関連施設の維持管理といった皇室に関するすべての業務を担っている。

そのほか、国事行為に伴って発せられる文書に押印される天皇の印章（璽という）である御璽《ぎょじ》や、国家の象徴として外交文書などに押される国璽《こくじ》を保管することもまた、あまり知られてはいないが重要な職務である。

では、こうした仕事を担う宮内庁はどのような歴史を有しているのだろうか。

古くは四十二代・文武天皇の七〇一（大宝元）年に完成した大宝律令において、のちに宮内省が管轄したものと類似した組織が生まれている。その後の変遷を経て、一八八六（明治十九）年に宮内省官制が定められ、一九〇七（明治四十）年の皇室令三号によって大幅な改革が行なわれた。

そして戦後になると、宮内省の組織は大きな変貌を迫られ、事務業務や権限をほかに移管させたり、分離独立させるなど組織の縮小が図られた。その結果、終戦当時六二〇〇人あまり所属していた職員は一五〇〇人にまで縮小。さらに一九四九（昭和二十四）年には総理府の外局としての位置づけに代わり、宮内省から宮内庁へと名称も変更されている。

二〇〇一（平成十三）年からは、中央省庁の改革の一環として、内閣府設置法が施行された。これにより、現在の宮内庁は内閣府に属する機関となっている。

◉皇室の「オモテ」と「オク」

現在の宮内庁は宮内庁長官、宮内庁次官をトップに、複数の内部部局と地方機関に分かれて業務を遂行している。職員数は二〇一七（平成二十九）年度で一〇一〇名が在籍。その内訳は宮内庁長官や侍従長を筆頭とする特別職が五二名、それ以外の一般職が九五八名という構成になっている。

内部部局の業務に関しては、いかにも官庁的な事務を受けもつ部署と、宮内庁らしい部署に分かれており、その比喩として「オモテ」と「オク」という言い方がされている。秘書課や総務課といった仕事内容が明らかな仕事は「オモテ」。それに対して、天皇皇后両陛下と皇太子ご一家を直接お世話する侍従職や東宮職が「オク」といわれる。

オモテの職としては、宮中儀式に必要不可欠な式部職があり、七〇名ほどが担当する。晩餐会などで音楽を演奏する楽部も式部職所属。書陵部は皇統譜や古文書を管理する図書課、陵墓の管理と事務を請け負う陵墓課、歴代天皇や皇族の方々の歴史、実録を編纂する編修課などがある。また、宮中晩餐会や午餐会などの食事から、天皇皇后両陛下の毎日の食事までをつくる管理部の大膳課は総勢二六名が担当する。フランス料理から和食までレパートリーの広さと食に関する専門知識が求められ、各御所に配置されている。

一方、オクはいわば天皇ご一家のプライベート担当だ。ふだんの身辺のことからお客さまの受付、御所の管理などを行なう。ご旅行にお出ましになるときは、宿泊先のチェックから荷物の準備なども行なわなければならない。

皇后陛下に奉仕する特別職の女官長や、女官長を補佐する女官もいる。宮中祭祀が多い皇室内で祭祀の手伝いをする私的な職員である掌典職員には、掌典（男性）七名のほか女性職員である内掌典が四名。いずれも天皇ご一家の内定費での扱いとなっている。

Key word

皇室のSP

皇室の方々の警護を行なう「皇宮護衛官」という存在

◉最も近い距離で皇室の方々を守る重要な職務

皇室の方々に対する一般国民の関心は非常に高い。そのため、ご公務などで外出されると、そのお姿をひと目見ようと多くの人々が集まってくる。

そうしたときには、不測の事態に陥らないとも限らない。それを未然に防ぐのが、「皇宮警察本部」と呼ばれる国家機関、いわば皇室版のSPである。

皇宮警察本部は天皇皇后両陛下をはじめ皇室の方々の身体と財産を守る。つまり護衛を受けもつと同時に、御所や御用邸などでの警備まで行なうのだ。

その組織構成は護衛部門、警備部門、警務部門、および皇宮警察学校に分かれている。

護衛部門は皇族の方々の安全を確保することを必須の使命としている。そのため、皇居や御所にお出ましになるとき、あるいは各種式典にご出席されるためにお出かけになるときなど、いちばん近くで自分の体を張って護衛にあたる。

警備部門が活躍するのは、天皇誕生日や新年の一般参賀、園遊会などのイベントの日。皇居だけでなく、赤坂御用地、京都御所、大宮仙洞御所、桂離宮、修学院離宮、正倉院、各御用邸などを警備することを任務としている。

警務部門は皇宮警察の勤務体制を考えたり、採用や人事、教育、予算、福利厚生など、皇宮警察の活動が円滑に運営されるようにしている。部門内には音楽隊が組織されており、園遊会をはじめとする皇室行事において演奏したり、コンサートを催したりと広報活動的役目もこなしている。

皇宮警察本部は一八八六（明治十九）年に誕生し、当時は皇宮警察署と呼ばれていた。その後、幾度かの組織の変遷を経て、一九五四（昭和二十九）年の新警察法制定に伴い、警察庁の付属機関となった。職員は皇宮護衛官、警察庁事務官、警察庁技官で構成されており、身分は国家公務員である。

一般の警察官とは異なり、制服のモールの色が白ではなくワインレッドとなっている。これは「うそ、偽りない心で、真心をもって接する」という意味がある「赤誠」の言葉からきた色だといわれている。また、法律、武道や逮捕術といった基礎的学科を習得するのはもちろん、和歌や華道、茶道などを学んで、皇室の伝統と日本文化を理解することも求められる。

Key word
国際交流

皇室と外国のロイヤルファミリーの関係はどうなっている？

◉イギリス王室との交流

かつて世界には、日本の天皇のように君主を頂く国がいくつも存在した。しかし、その多くは時代の荒波のなかで滅亡してしまい、現在では君主国は三〇ヶ国に満たない。

ここでは日本の皇室と今も残る君主国とのかかわりを見ていこう。天皇陛下をはじめとする皇族の方々が、いかに世界の君主国との親善に努めてきたかがわかるだろう。

日本の皇室が特に密な関係を築いているのはイギリスの現王朝、ウィンザー朝である。

皇室とイギリス王室との交流は、明治時代初頭にビクトリア女王の次男・エディンバラ公が訪日したのが最初とされる。続いて大正時代、当時は皇太子だった昭和天皇が欧州五か国を半年にわたって歴訪して見聞を広められた。昭和天皇はのちにイギリスのジョージ五世（エリザベス女王の祖父）から立憲政治、さらには君主としての在り方を学んだとお言葉を述べられている。帰国後には日常生活にイギリス風を取り入れ、皇室の近代化に着手された。なかでも一夫一婦制を確立なさったことはよく知られている。

こうして日本とイギリスの親善は深まったが、その後、不幸にも第二次世界大戦で敵対したため交流は途絶えてしまう。

それでも昭和三〇年代になってエリザベス女王の従妹・アレクサンドラ王女の来日がきっかけとなり、ようやくイギリス王室との交流が再開。昭和天皇の訪英、エリザベス女王の来日などで関係が一気に深まっていった。

この長年の交流を物語るかのように、エリザベス女王の即位六〇周年を祝う午餐会《ごさんかい》では、今上天皇は各国の王族が集まるなかで女王のすぐ隣、美智子さまも同じテーブルに着席するなど厚遇のおもてなしを受けられた。

また、イギリス王室はその午餐会の写真をわずか三枚だけインターネットサイトに公開したのだが、そのなかの一枚にアレクサンドラ王女と談笑する両陛下の写真を選ばれた。これは両国の長年にわたる親愛の証を物語っているといえるだろう。

◉アジアやアラブ王国との交流

交流はイギリス王室ばかりではない。日本の皇室はベルギー王室とも親密な関係を構築してきた。特にボードゥアン一世とは長年にわたる友情を築き、両陛下が初めて海外王室

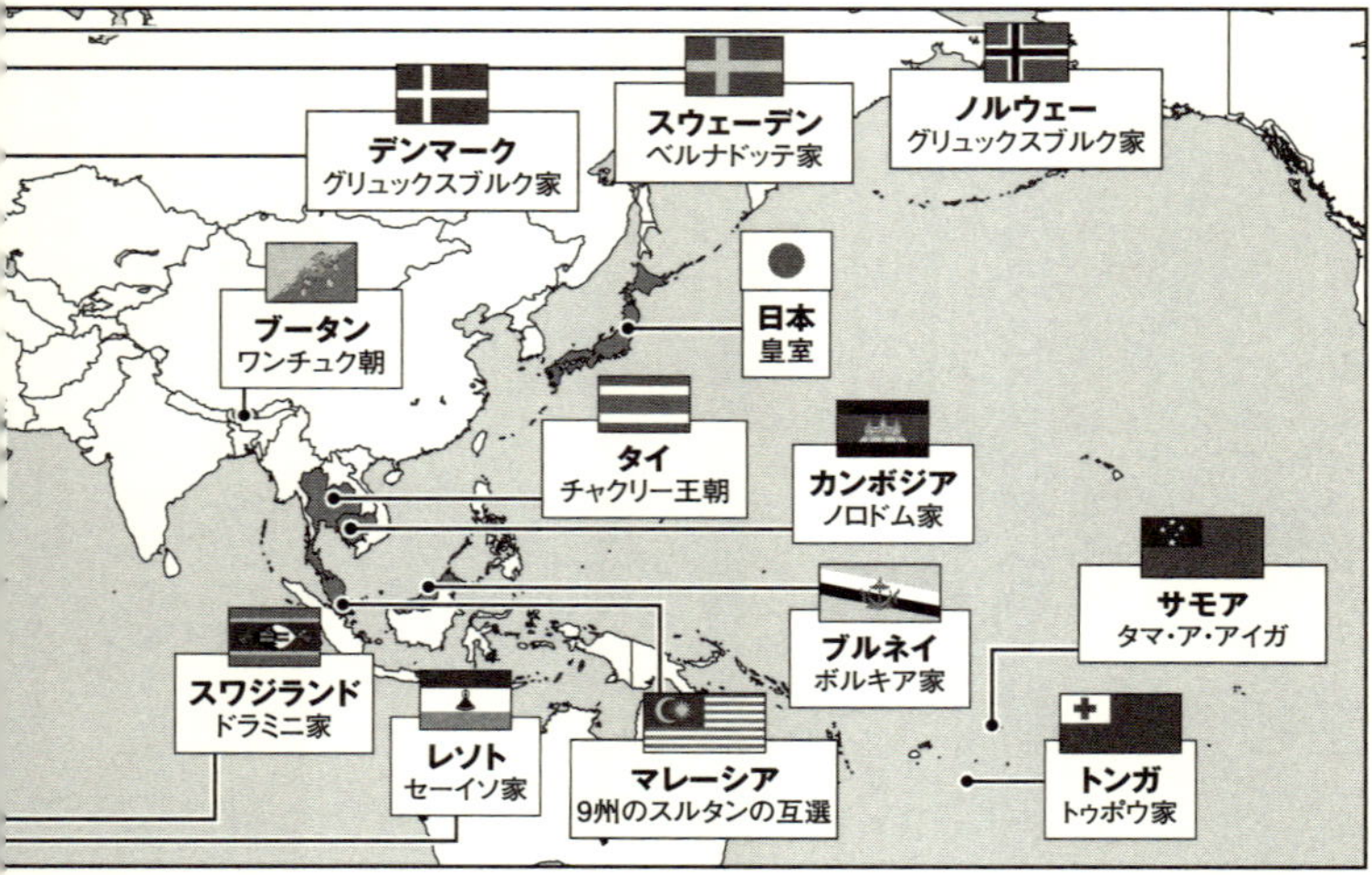

の葬儀に参加したのはポードゥアン一世の葬儀であった。二〇一四年十二月、美智子さまがファビオラ元王妃の葬儀に駆けつけられたのは記憶に新しい。

さらにヨーロッパ最古の王室ともいわれるデンマーク王室とも親密な関係を維持しているほか、オランダ王室とは皇太子ご一家の静養を受け入れるほどの親しい間柄である。

ヨーロッパ以外では、タイやアラブ諸国の王室が日本の皇室に対し特別な敬意を払っているといわれる。二〇一七年二月、天皇陛下はベトナムを訪問された際、陛下のたっての希望で帰りにタイに立ち寄り、昨年亡くなられたタイのプミポン国王の弔問をされた。プミポン国王との交流は一九六〇年代から始まり、すでに皇太子時代から七回ほど足を運ば

世界の主な王家

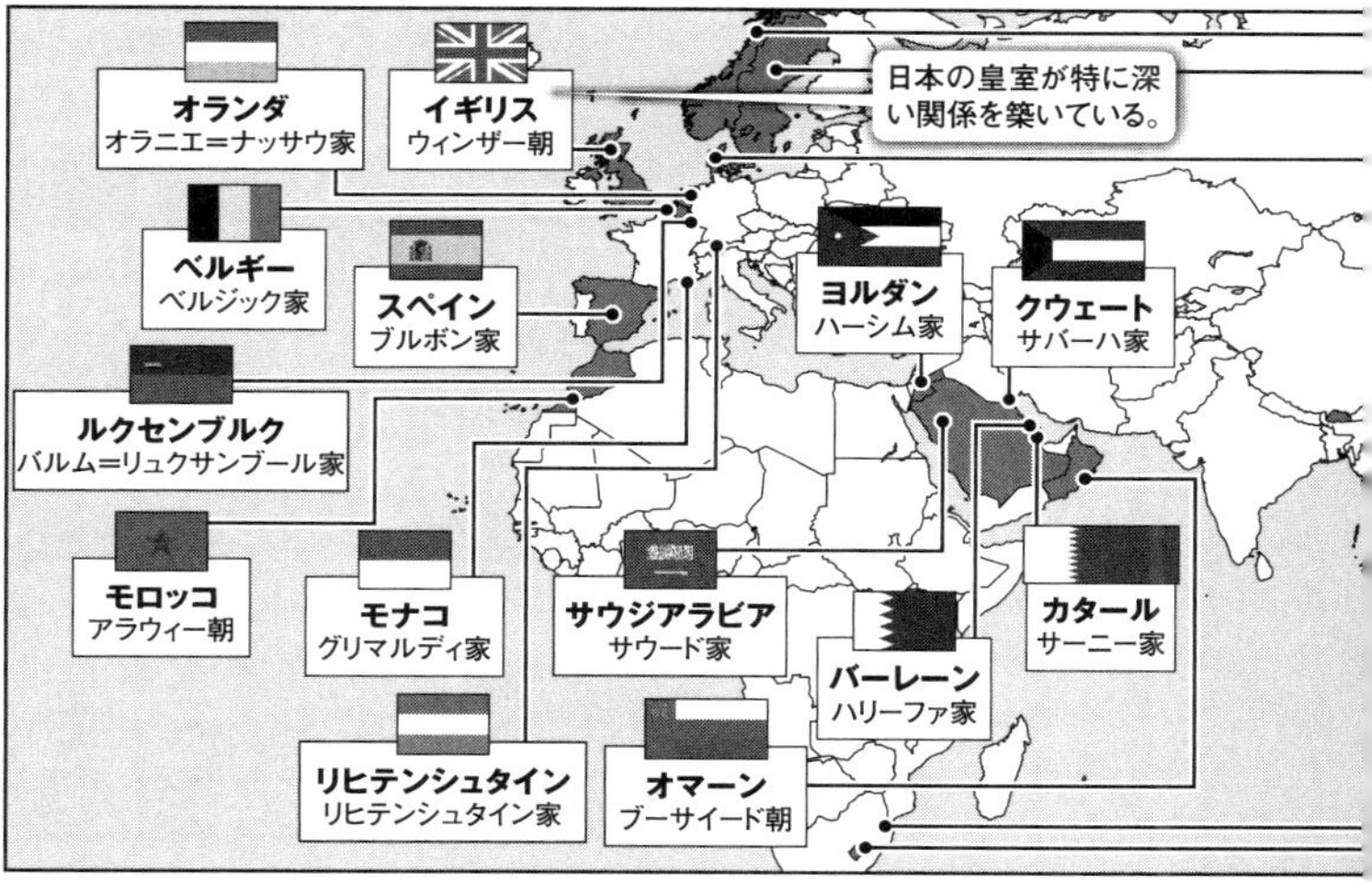

れていたという。その友好の深さは、プミポン国王の即位六〇周年の晩餐会の折、二五ヶ国あまりの君主のなかで両陛下だけが招かれたということからもみてとれる。

また、二〇一七年三月、サウジアラビアのサルマン国王が来日して話題になったが、国王は「第二の故郷である日本に来られてうれしい」と陛下に語っている。じつはアラブの王室も日本の皇室に特別な気持ちをもっているといわれる。その理由は日本の皇室の長い歴史と伝統とともに、質実と精神性の高さを尊敬しているからという。

万世一系の歴史と天皇陛下のお心を尽くした長年の交流のおかげで、日本の皇室は世界各国の王室から敬意を払われる存在になっているのである。

key word

留学

海外に留学する皇族の多くがイギリスを選ぶ理由とは？

◉皇族の方に多いイギリス留学

秋篠宮家の佳子さまの留学が話題になっている。二〇一七年九月よりイギリス中部のリーズ大学へのご留学。佳子さまだけでなく、じつは多くの皇族の方々が見聞を深めたり、研究を極めたりするために海外に留学されている。

留学先はイギリスが多い。

たとえば、皇太子さまは一九八三（昭和五十八）年から二年間、イギリスのオックスフォード大学マートン・コレッジに留学されており、研究のほか見聞を広めるために諸外国を見てまわられた。当時は皇統を継ぐ地位にある皇太子の留学は初めてとあって話題を集めたのを覚えている人もいるだろう。

留学時代の皇太子さまは護衛官付きとはいえ、自転車に乗って街に出かけられたり、学生寮で一人暮らしをされたりするなど、日本では味わえない自由を謳歌されていたという。

皇太子さまや秋篠宮さまなどが留学されたオックスフォード大学。

「自分でものを考え、決定し、行動に移すことができるようになった」と、実りの多い留学であったことをのちに述懐されている。

また秋篠宮さまはオックスフォード大学大学院、眞子さまはエディンバラ大学、レスター大学大学院といずれもイギリスに留学されている。そのほか三笠宮家や高円宮家の方々もイギリスに留学。特に三笠宮家の彬子さまはオックスフォード大学マートン・コレッジで学び、皇族としては初めて海外で博士号（哲学博士）を取得された。

もちろん皇族の方々の留学先はイギリスと決められているわけではない。高円宮家の三女・絢子さまはカナダのカモーソンカレッジとブリティッシュ・コロンビア大学へ留学されている。しかし、そうはいってもイギリスが圧倒的に多いことに変わりはない。なぜ、皇族の方々は留学先としてイギリスをお選びになるのだろうか。

その理由としてはオックスフォード大学、ケンブリッジ大学など名門大学があることもあげられるが、伝統と格式のある立憲君主制であることが大きいといわれている。皇族の受け入れに対する環境や警備体制も充実しており、皇族の方々が学ぶのに適した環境が整っているのである。

また、イギリス国民のなかに、過度に注視したり騒ぎ立てたりすることなく、静かに見守る習慣がついているため、とりたてて窮屈な思いをせずに、日本では味わえない自由な環境で勉学に励むことができるのだという。

実際、眞子さまがレスター大学に留学されていたときは、日本のプリンセスと気づかれることなく、ほかの大学生と同じようにお過ごしになられていたといわれている。

第3章

皇室の家計簿

key word

皇室の予算

皇室の生活に必要な費用はどれくらい？

◉宮廷費と内廷費が生活の柱

都心に広大な敷地をもつ皇居と赤坂御用地、ご静養のための三つの御用邸（那須・葉山・須崎）、そして京都御所。これだけ見ても皇室はたいへんな財産をおもちのように思える。しかし、日本国憲法の第八十八条に「すべて皇室財産は国に属する。すべて皇室の費用は、予算に計上して国会の議決を経なければならない」と明記されている。

つまり基本的には、皇室の私有財産は認められておらず、財産はすべて国に属している。そのため、皇室の維持に必要な費用の多くは公金で賄われているのである。

では、その費用の内訳はどうなっているのか。皇室のための費用は公的活動に使われる「宮廷費」、天皇皇后両陛下、皇太子ご一家の日常生活に使われる「内廷費」、天皇ご一家以外の宮家の方々に使われる「皇族費」の三つに分かれている。

まず、宮廷費は宮内庁の管理するオフィシャルマネーである。二〇一七（平成二十九）

年度は五六億七八九二万円を計上した。

その用途は宮中晩餐会や園遊会などの開催、国賓の接待、天皇や皇族の外国または地方ご訪問などの公的活動、さらに宮殿の修理や整備、自動車、馬車の管理などに使われる。

次の内廷費は、天皇と内廷皇族（皇后、皇太子、皇太子妃および内廷にある皇族）の日常生活費とその他諸費である。内廷とは天皇皇后両陛下、皇太子ご一家の生計主体のことで、天皇ご一家とほかの皇族を区別している。

基本的には毎年定額となっており、一九九六（平成八）年度から二〇一七（平成二十九）年度まで三億二四〇〇万円を計上している。

宮廷費がオフィシャルマネーであるのに対し、内廷費はいわばプライベートマネー。天皇ご一家の私的費用のため、宮内庁が管理する公金ではない。そのため使い道は非公開だが、一九八〇（昭和五十五）年にそのあらましが公になったことがある。

もっとも多いのは祭祀を扱う職員など天皇家の私的職員の人件費で、内廷費全体の約三割を占めている。残りは物件費とされ、衣類や身のまわりのもの、食費や厨房の器具、災害見舞金、奨励金、私的旅行、交際費、祭祀費、医療費などに当てられる。災害見舞金や祭祀費は皇室独特のものといえるだろう。

このように天皇家は公的な宮廷費と私的な内廷費のふたつによって成り立っているわけ

だが、両者の線引きを判断しているのは宮内庁である。

たとえば、現在の皇太子さまの語学費用などは皇室の公的ご活動のために必要な費用とみなされ、宮廷費で賄われるのに対し、音楽のレッスン料は私的な趣味とみなされ、内廷費となる。お子さま方の授業料も皇太子さまの場合は宮廷費から出されたのに対し、そのお子さまの愛子さまの場合（学習院の授業料）は内廷費から支出されている。

また、秋篠宮家の悠仁さまの授業料は、宮内庁が宮廷費から支払う申し出をしていたが、秋篠宮さまはこれを辞退している。

興味深いのは、天皇誕生日の祝宴は公費となり宮廷費から支出されるのに対し、皇后誕生日は私的行事とみなされ、内廷費から出されることである。あくまでも天皇陛下や将来その地位に就くべき方にかかわる行事がオフィシャル扱いになる。皇太子のご結婚なども天皇を継ぐ地位にあるのでオフィシャルなものとみなされ、宮廷費から支出される。

◉各宮家の費用には皇族費が当てられる

一方、天皇ご一家以外の秋篠宮家のように各宮家の生活費、品位保持のために支給されるのが皇族費である。

これは毎年定額の内廷費とは異なり、各宮家の人数構成、当主、その妃、親王、王、未成年などの身位や成年かどうかなどを考慮して支給額が決められる。

当主は三〇五〇万円、その妃は当主の半分の一五二五万円、独立していない成年の親王及び内親王は九一五万円、未成年の場合は三〇五万円、成年の王および女王は六四〇・五万円となっている。

たとえば、二〇一七（平成二十九）年度における秋篠宮家の皇族費は、当主の秋篠宮さまが三〇五〇万円、紀子さまが一五二五万円、成年の内親王おふたりがそれぞれ九一五万円、未成年の悠仁さまが三〇五万円となっており、世帯合計は六七一〇万円にのぼる。秋篠宮家、常陸宮家、三笠宮家、高円宮家を合わせると二億一四七二万円である。

なお、皇室の関連費用としては、これ以外に宮内庁を運営するための宮内庁費があり、こちらは一一二億一七六一万円である。加えて皇室や皇居の護衛などを担う皇宮警察費用もある。二〇一七（平成二十九）年度の歳出概算要求では、一一一億五七〇〇万円の要求額となっていた。

Key word
食生活

皇室の方々はふだんどのような食事を召し上がっている？

◉御料牧場で特別に生産された食材たち

皇室の方々の食事というと、いつもフルコースが並ぶような豪華メニューを思い浮かべるかもしれないが、それは特別な晩餐会のときのみである。ふだんは意外にも一般家庭の料理と変わらない食事をお召しになっているようだ。

朝はトーストやオートミール、サラダ、果物といった洋食が基本。ある日の夕食は、ポタージュスープ、白身魚のソテー、茹でた野菜といったヘルシーな洋食である。ときには麺類や丼物、カレーライスなど、われわれがふだんなじんでいる献立が並ぶことがあるというから、少々驚きだろう。

一般と違うのは専従の料理人が手掛けるということと、使われている食材が特別だということだ。築地などから仕入れた魚以外すなわち肉類、鶏卵、牛乳、チーズなどの乳製品、野菜二十四種類といった食材は、栃木県高根沢町と芳賀《はが》町にまたがる御料牧場で生産・栽培されたものを使用している。御料牧場は総面積が約二五二ヘクタール（東京ドーム約五十四個分）と非常に広く、鶏などはすべて放し飼い、野菜類は有機農法で育てられている。つまり天皇陛下のために特別に作られた食材で、天皇ご一家と皇太子ご一家のみに提供されるのである（他の宮家の方々は余剰品を購入しなければならない）。

これらの食材でもって、宮中の食事が作られる。料理人は第一係の和食担当、第二係の洋食担当、第三係の和菓子担当、第四係のパンと洋菓子担当、第五係の東宮御所担当にそれぞれ分かれおり、宮内庁の大膳課が晩餐会などの公の宮廷料理から天皇皇后両陛下と皇太子ご一家の毎日のお食事まで、宮中の食事のすべてをまかなうのである。

毎日の料理の献立は、栄養面を考えたうえで大膳課が二週間前に用意する。それを皇后さまや雅子さまのご意見やご希望を取り入れながら修正を加えて正式に決定するという。洋食、和食、中華などバリエーションをつけて、飽きない工夫がされている。

このように宮中には専従の料理人がいるものの、皇后さまや雅子さまがご自身で料理をされることもあるようだ。皇后さまがご結婚されたとき、東宮御所に小さなキッチンを設けられ、お子さまのために手作りの料理を振るまわれたというのは有名な話。家庭的な雰囲気を大切にされていた皇后さまらしいエピソードである。

key word
ファッション

いつも燕尾服やドレス姿？皇室の方々のお召し物

◉質の良いものを長く使うのがポリシー

皇室の方々のお召し物といえば、一般参賀や宮中晩餐会といった儀式で召されている燕尾服やドレス姿の印象が強いかもしれない。

しかし、それらはあくまで儀式の礼装や公務の衣服であり、日常の暮らしにおいても華やかな衣装を身につけて生活されているわけではない。プライベートでは比較的自由な装いで楽しまれているようだ。

たとえば皇太子妃の雅子さまは、お忍びで外出されたときにタイトスカートを着用されていた。秋篠宮妃の紀子さまは、子育てのときには動きやすいジーンズ姿だった。

また、最近注目されている秋篠宮家の佳子さまのファッションにしても、たとえばデニムの半袖シャツに白いロングのフレアースカート、あるいはデニムのパンツといった今どきの女子大生と変わらない。そこに、いかにも「皇族」という感じはないのである。

さらに佳子さまの中学時代にいたっては、レギンスやブーツ、タイツなどのアイテムをうまく使いこなされたり、制服のスカートも少し短めにしたりしておしゃれを楽しんでおられたようだ。このように皇室の方々といえども、ふだんは一般と変わらないファッションで過ごしておられるのである。

ただ、原宿や渋谷で友人たちと同じようなラフな格好で楽しくショッピング……というわけにはいかない。警備の問題もあるだろうが、そこは皇族という身分であるだけに、品位を落とさない装いが重要である。華美に装うことなく、質の良い服を大事に使うことを心がけているという。

では、皇室の方々は衣装はどこで調達するかというと、公務の衣装はお抱えデザイナーがフルオーダーで生地から織って仕立てる。

私服の場合は、高島屋、三越といった名門デパートの外商を通じて自宅で購入されたり、ときには閉店後の百貨店に足をお運びになり、購入されているという。また、最近はインターネット通販もご利用になっているという雑誌記事もみられる。

Key word
税金

皇室も相続税や贈与税などの税金と無関係ではない！

◉宮内庁内廷主管により確定申告を行なう

国民が社会を支えるために支払う義務を負う税金であるが、皇室における税金はどうなっているのだろうか。

結論からいえば、皇室の方々もきちんと税金を納められている。しかし当然ながら、そこには通常とは異なる諸事情、法規定がある。ここでは皇室の税金事情を見てみよう。

まず、所得を得た場合に課される所得税がある。天皇の生活費にあたる内廷費、そして秋篠宮、常陸宮、三笠宮、高円宮の四宮家の生活費である皇族費については、『所得税法』第九条により課税されないと定められている。

ただし、それ以外の収入や金融資産については課税対象となる。たとえば預金の利子、株や国債など有価証券により得られた配当、また著書の印税（98ページ参照）などだ。これについては、毎年、宮内庁の内廷主管により確定申告及び納税がなされている。

所得税が課税される収入分については住民税が発生する。天皇皇后両陛下は御所のある千代田区へ、皇太子同妃両殿下は東宮御所のある港区へ納税されている。宮家も同様に、それぞれのお住まいの区に納税されている。

意外なことに、相続税と贈与税については免除規定がない。遺産相続や生前贈与を受ければ、一般の国民同様に課税対象となる。

ただし、相続税が課税されないものもある。皇位のシンボルとして継承される「三種の神器」、祖神や皇霊などをお祀りしている「宮中三殿」などだ。『皇室経済法』七条において「皇位とともに伝わるべき由緒ある物」と定められており、相続税が発生しない。これについて、天皇陛下の生前退位にともなう法改正が検討されている。「由緒物」が継承されることは生前贈与にあたり、これまでの法律では規定されていないためだ。

土地や家屋を所有している際に収める固定資産税についてはどうだろうか。皇居、御所、東宮御所、さらに那須、須崎、葉山の御用邸は国有財産であるため、固定資産税が発生しない。個人の不動産として所有されてはいないため、税金はかからないのだ。一方、宮家は土地の所有ができるとみなされ、一部の私有地などには固定資産税が課税されている。

また、天皇家において使われる輸入物品については、関税が免除されると『関税定率法』第十四条により定められている。

Key word

財産

その額三十七億円 戦前は大資産家だった昭和天皇

◉遺産は積み立てや運用にまわして貯蓄した

皇室には私有財産が認められていないということはすでに述べた。しかし、昭和天皇や香淳皇后が崩御した際、今上天皇が相続税を納税していることからわかるように、現実には財産が存在している。

じつは戦前の日本の天皇、すなわち昭和天皇は「日本一の大財閥」と呼ばれるほどの大資産家であった。戦後、ＧＨＱによって三十七億五千万円（現在の価値で約七九〇〇億円）もの財産があることが明らかにされている。

しかし、その多くがＧＨＱに接収され、お手元金として一五〇〇万円（現在の価値で約三十一億円）だけが残された。その後、そのお手元金や内廷費を元手に積み立てや株の運用が行なわれ、昭和天皇が崩御されたときには約二〇億円の遺産があったという。それを香淳皇后と今上天皇のお二人が相続することになったのである。

◉昭和天皇の相続の内訳は？

二〇億円から昭和天皇葬儀の費用の一部、日本赤十字社への寄付を差し引いた一八億六九一一・四万円が課税対象額となった。これを香淳皇后と今上天皇のお二人が約九億一〇〇〇万円ずつ相続。香淳皇后は配偶者控除で課税されなかったが、今上天皇は約四億円の相続税を納められている。

昭和天皇とその資産の多くを接収したGHQの最高司令官・マッカーサー。1945年９月に撮られた１枚

二〇〇〇（平成十二）年に香淳皇后が崩御されると、今上天皇お一人で相続された。香淳皇后は昭和天皇から約九億一〇〇〇万円を相続されていたはずだが、いくら残されていたのか明らかでない。ただ、今上天皇が相続時に約二億円を寄付した残りの遺産は二億円以下だったと考えられている。なぜなら二億

円以下は課税遺産額の公示対象外のためだったからだ。

こうして譲り受けた遺産に加え、天皇陛下自身もお手元金などの剰余分を積み立てや運用に回していると考えられる。

今上天皇がどれほどの資産を持っているかははっきりしないが、『天皇家の経済学』（洋泉社）の著者・吉田祐二氏は、年率三パーセントで資産運用していると計算すると、三〇億円近い財産があるのではないかと推察している。

天皇家の資産の流れ

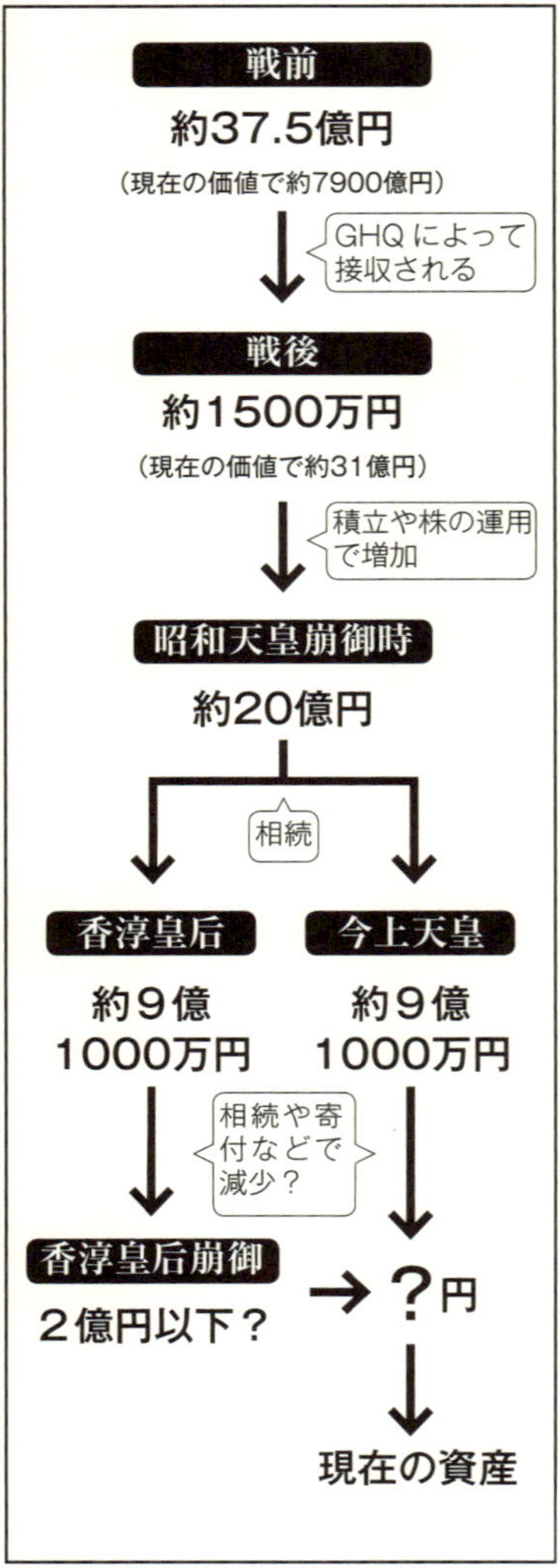

Key word
就職

公務だけでなく外部で仕事に励むのが現代の皇族方の姿？

◉戦前は士官に進むのが定石だった

皇室には国家予算がつくのだから、働くこととは無縁でいられるのではないか――そのように考えていたとすれば、大きな誤解である。皇族の方々といえども、就職されている人は数多くおられる。ここでは時代を少し遡って、皇族の就職事情を見てみよう。

戦前は、一九一〇（明治四十三）年に制定された『皇族身位令』により、皇族の方々は報酬を得る職に就くことを禁止されていた。第四十五条には「皇族ハ任官ニ依ル場合ヲ除クノ外報酬ヲ受クル職ニ就クコトヲ得ス」と明記されている。

特に営利目的の法人や団体の社員や会員、役員になること、公共団体の吏官や議員になることは厳しく戒められていた。

その一方で、男性皇族は陸海いずれかの軍に入り、軍人になることが求められた。たとえば、昭和天皇のすぐ下の弟である秩父宮《ちちぶのみや》さまは陸軍に、その弟の高松宮さまは海軍に、末弟の三笠宮さまは陸軍に所属されている。まず士官を養成するコースに入り、陸軍士官学校、海軍士官学校から陸軍大学校や海軍大学校に進まれ昇進されていった。天皇は大元帥という地位にあったため、陸海軍に所属することはなかった。しかし、戦後になると状況は大きく変わる。皇族にもある程度、職業選択の自由が生まれたのである。

そうしたなか、三笠宮さまのご長男の寛仁さまは札幌オリンピックの組織委員会、沖縄海洋博の事務局に入って実務をこなされていた。珍しい挑戦としては、ラジオのディスク・ジョッキーを務められたこともある。

寛仁さまの弟君で、のちに桂宮家を創立された宜仁《よしひと》さまの場合は、生前NHKに勤務されていたことがある。一九七四（昭和四十九）年から一九八五（昭和六十）年までの十一年間、嘱託職員として国際協力業務に従事されたり、早朝からラジオ体操の準備をされたり、のど自慢大会の会場設営などにも当たられた。これらを一般の職員とともにこなされていた。

皇族の方々はご公務の必要もあり、正社員ではなく嘱託の職員にならざるを得ない事情があったらしい。桂宮さまも両立に腐心したことがあったと述懐されている。

◉公務をこなされながらほかの仕事に就く女性皇族

では、男性皇族に対して女性皇族の就職事情どうだろうか。

このところ、複数の女性皇族が各所にご勤務されるようになり、新しい時代が到来しているようだ。その先鞭をつけたのが、今上天皇の長女で、現在はご結婚のため皇室を離脱された黒田清子さんである。

清子さんがまだ紀宮さまでいらっしゃった一九九二（平成四）年、学習院大学を卒業されると、山階《やましな》鳥類研究所の非常勤研究助手として働くことを表明された。もともと鳥類への関心が高かった紀宮さまは、大学生時代からアルバイトで山階鳥類研究所で働かれ、卒業後も職場として選択。その後、黒田慶樹さんとご結婚されるまでの十三年間、ご公務と勤務の双方をこなし、皇室新時代の女性像を示されたのである。

紀宮さまの生き方に道筋を見出されたのか、三笠宮寛仁さまの長女の彬子さまは、イギリスのオックスフォード大で女性皇族初の博士号を取得した後、二〇一四（平成二十六）年から京都市立芸術大で芸術資源研究センター特別招聘研究員として勤務されている。また、その妹の瑤子さまは二〇〇六（平成十八）年から二〇一二（平成二十四）年まで日本赤十字社青少年ボランティア課に常勤で勤務された。女性皇族として史上初だった。

高円宮家の長女の承子さまも、日本ユニセフ協会の嘱託職員として勤務。さらに秋篠宮家の長女の眞子さまも、二〇一六（平成二十八）年に東京大学総合研究博物館の特任研究員に就任し週三回ほど勤務するなど、女性皇族はご公務とともにお仕事にも励まれている。

Key word

印税

意外と多い両陛下の著作物
そこから発生する印税の行方は?

◉確定申告し、研究費や寄付に

昭和天皇は生物学者としても世界的に知られており、長年、海洋生物などを採集、研究されていた。研究の成果をまとめられた著書も数多くある。

その一部のタイトルを挙げてみよう。

『相模湾産後鰓類図譜《こうさいるい》』(岩波書店、一九四九年)、『相模湾産ヒドロ珊瑚類および石珊瑚類』(丸善、一九六八年)、『天草諸島のヒドロ虫類』(保育社、一九六九年)、『小笠原群島のヒドロゾア類』(保育社、一九七四年)、『紅海アカバ湾産ヒドロ虫類五種』(保育社、一九七七年)『那須の植物』(三省堂、一九六二年)など、全部で三〇冊に及ぶ。

では、こうした著書から発生する印税は、どのような取り扱いになるのだろうか。

皇族の方々の著者印税については、「私的経済行為であり、皇室経済会議などの議決を要しない」とされている。つまり、一般国民と同じように所得として課税対象となることから、宮内庁内廷主管により確定申告と納税が行なわれているのである。

受け取られた印税については、昭和天皇は研究の費用に充てられたほか、著書の現物を世界各国の図書館、研究所、学者らに贈られていたという。

今上天皇は長年にわたり、ハゼ類の分類の研究をされている。そして、その研究に関する数多くの論文を発表されるとともに、『日本産魚類大図鑑』（東海大学出版会、一九八四年）、『日本産魚類検索―全種の同定―』（東海大学出版会、一九九三年）のハゼ亜目魚類の項目、『日本の淡水魚―その分布、変異、種分化をめぐって―』（東海大学出版会、一九八七年）のチチブ類の項目などを執筆されている。印税、原稿料などはささやかな額とみられるが、実際に受け取られているようだ。

美智子さまもまた紀宮さま（黒田清子さん）のために文章を書かれた絵本『はじめてのやまのぼり』（至光社・一九九一年）を出版されており、その印税の一部を「国際児童図書評議会」に寄付されている。さらに美智子さまは講演集『橋をかける―子供時代の読書の思い出』（すえもりブックス・一九九八年）を出版されたり、童話の翻訳なども手がけられている。

ご著書からの印税は、両陛下のライフワークの一環から得られた、ささやかな収入といえそうである。

Key word
医療制度

健康保険がなく、一般医療機関での診療は実費全額の支払いになる

◉天皇と皇族のための宮内庁病院

ありがたいことに、日本には国民皆保険制度があり、病院で受診したときに窓口で払う医療費は実費の一〜三割ですんでいる。この制度がなければ、治療のたびに大変な額を払わなければならない。しかし、皇室においては事情がまるで異なる。

じつは、皇室の方々には健康保険がない。住民登録がないので国民健康保険についても加入資格がないこととなり、保険証は発行されていないのである。

皇室の医療機関といえば、誰しも宮内庁病院を連想するだろう。宮内庁病院は、そもそもは宮内省（現宮内庁）の職員とその家族のために一九二六（大正十五）年に赤坂に設けられた「宮内省互助会診療所」を前身とする。一九六四（昭和三九）年に移転となり、皇居の大手門を入ったところに宮内庁病院が建てられた。現在、内科、外科、歯科など、八科があり、約五〇名の医療スタッフを擁する。

宮内庁病院は宮内庁職員が利用しているほか、同職員や皇宮警察職員などからの紹介があれば一般の人も受診できる。その際はもちろん無料ではなく、通常通り保険証を提示して治療費を支払うことになる。

この宮内庁病院は現在、天皇・皇族のご診療を行なう病院と位置づけられている。費用はかからない。天皇皇后両陛下、皇太子ご一家の健康管理に関しては侍医がつき、二十四時間体制であたっている。公務に出られるときにも侍医は同行することが多い。また、天皇陛下は宮内庁病院で年に一回程度、人間ドッグを受診されている。

宮内庁病院では十分に対応できないときには、民間の病院を利用される。精密検査、難しい手術などが必要な場合などである。その際は健康保険がないため、医療費は一〇割、つまり実費全額の支払いとなる。二〇〇三（平成一五）年、天皇陛下が東大病院で前立腺がんの手術を受けられた際は、ＶＩＰ室が一泊二六万円ともいわれ、合計数千万円の費用とも報じられた。二〇一二（平成二十四）年の心臓の冠動脈バイパス手術を受けたときは、やはり東大病院を利用され、およそ四五〇万円になるのではないかといわれた。

天皇のご病気の治療、健康診断などの費用については、国の責任で行なうものとして公費から支出される。公的活動を続けるために必要として、宮廷費があてられるという。

一方、皇族の場合は線引きが難しく、公費が充てられる場合も自費の場合もあるそうだ。

Key word

御用邸

天皇ご一家が静養のために利用する御用邸とはどんな施設？

◉御用邸は葉山と那須、須崎にある

御用邸とは、天皇ご一家の静養地とされている場所。いわば別荘のような存在である。一年中公務に追われている天皇陛下をはじめ、美智子さまやご家族が、自然環境のいい場所で、プライベートの時間をリラックスして過ごすための施設として用意されている。

陛下の日常のご公務は膨大な量にのぼり、国事行為は多岐にわたる。重要な国事行為のひとつが、「公布」の手続きを完了させることだ。

公布とは国会などで可決して成立した法令のこと。書面にされた公布が陛下のもとに持ち込まれると、陛下はそのひとつひとつに毛筆で署名され、九センチ角の「御璽」と呼ばれる公印を押される。これを御名御璽という。

陛下のもとには、毎年約一〇〇〇件にのぼる書類が上奏される。これを継続的にご公務としてこなされているわけだ。しかも、これはご公務の一部でしかない。各地へのご訪問や賓客の応対など、毎日過密ともいえるスケジュールに臨まれている。

そうした激務の日々を送られている陛下にとって、保養地でご静養されることは、大変貴重な時間といえるのである。

現在、御用邸は三か所ある。もっとも早く建設されたのは葉山御用邸（神奈川県三浦郡葉山町）で、一八九四（明治二十七）年に造営された。一九七一（昭和四十六）年に放火事件が起こり、焼失してしまったが、その一〇年後に再建された。

海辺の葉山とは対照的な、山麓の御用邸が那須御用邸（栃木県那須郡那須町）である。一九二六（大正十五）年に造成された。総面積は六六二万五六六五平方メートルあり、希少な植物が自生するなど、自然の豊かな一帯である。

そして、もっとも新しい御用邸が一九七一（昭和四十六）年に完成した須崎御用邸（静岡県下田市）である。ここにはプライベートビーチもある。

もっとも、陛下は御用邸でもご公務をこなされることが少なくない。内閣官房の職員が決済書類を携えて東京から持ち込むこともしばしばあるようだ。

また御用邸での滞在中、天皇陛下や美智子さまをひと目見たいとやってきた一般の人と会話を交わされることもある。つまり、御用邸でご静養といっても、完全なオフの時間とはならないのが実情なのである。

key word

御料牧場

皇室の食卓にのぼる食材を取り扱う専用の牧場がある

◉野菜から食肉、乳製品、馬までを生産

東京から約一〇〇キロ離れた栃木県宇都宮市郊外の高根沢町と芳賀町に広がる御料牧場がある。自然の豊かな丘陵地で、家畜の飼育や農作物などの生産が行なわれている。面積は二五二ヘクタールと東京ドームの約五十四個分。その半分以上を牛や豚、羊の放牧地と耕地が占め、樹林地も六十六ヘクタールある。

「宮内庁組織令」によると、御料牧場は「皇室の用に供する家畜の飼養、農畜産物の生産及びこれらに附帯する事業を行なう」施設である。つまり宮内庁の所管で、国家公務員が職員として働いている。

ここで生産される食材は皇室の食卓にのぼる。天皇皇后両陛下、皇太子ご一家の日々のお食事、さらに宮中晩餐会や園遊会といった賓客のもてなしなどに用いられる。それだけに品質、鮮度、安全性には細心の注意が払われる。化学肥料や農薬をできる限り抑えた栽培方法がとられ、家畜感染病の防止などのため、一般の人々の立入は禁止されている。

野菜はトマト、レタス、キャベツなど二十四種類を栽培。家畜・家禽は乳牛、豚、羊、鶏、きじなどが育てられている。ケージで囲って飼育するのではなく、放牧や平飼いにしてストレスを与えないようにしている。牛は一日二回のシャワーで清潔を保ち、豚も暑いときはシャワーを浴びられるようになっている。

そして牧場内には解体処理場まで備わっており、一貫生産体制が構築されている。ハム、ソーセージ、ベーコン、缶詰、燻製などの肉加工品も生産されており、新鮮な牛乳や卵を使ってバター、生クリーム、チーズ、ヨーグルトなどの乳製品もつくられている。

羊は日本ではあまり頻繁には食されないが、海外の賓客に配慮して飼育されている。イスラム教では豚肉が禁忌であるなど、宗教上の理由から豚や牛を食べられないケースも少なくない。その際、羊肉がよく供されるのだ。御料牧場の羊を使ったジンギスカンは、園遊会の名物にもなっている。

また、皇室の方々の乗馬用、儀式に用いられる輓用の馬の生産も行なわれる。新任の外国大使の信任状捧呈式の馬車列など、育てた馬が国際親善にも貢献している。さらに、御料牧場には皇室の方々の静養施設としての側面もあるため貴賓館が備わっている。在日外交団を見学に招くなど、賓客の接遇などにも活用されている。

Key word
宮内庁御用達

宮内庁に商品を納入する業者はどのように決まるのか？

◉庶民の憧れのブランド

店の軒先などに「宮内庁御用達」（あるいは「宮内庁御用」）と書かれた看板が掲げられた老舗《しにせ》を見たことがないだろうか。その冠からは、誰しも「天皇家が利用されるほどの立派なお店」をイメージするに違いない。

宮内庁御用達のルーツは江戸時代にある。

当時、宮中に出入りする業者は「禁裏御用《きんりごよう》」と呼ばれていた。その後、明治一〇年代になると、宮中の出入り業者に名誉を与える意味で「宮内省御用達」を名乗ることが許された。しかし、勝手に名乗るものが後を絶たなかったため、一八九一（明治二十四）年には制度化がなされ、二年以上営業していて、博覧会などで優秀と認められた実績がある業者だけに、宮内省御用達の称標《しょうひょう》が与えられたのである。

一九三五（昭和十）年にはさらに厳しい条件が出され、五年以上の納入実績があることや、本店の所在地、資本金などの会社概要を報告することが条件として求められるようになる。しかも、称標の使用許可期間は五年とされ、称標を広告に使わないよう定められた。これによって宮内省御用達の信用は一気に高まり、庶民の憧れのブランドとなっていったのである。

選ばれる基準は、なにも高級品だからではない。品質が確かであり、適切な値段で販売しているところを選んでいる。たとえば、和菓子なら虎屋《とらや》、洋菓子なら文明堂《ぶんめいどう》日本橋店、しょうゆはキッコーマン、果物は千疋屋《せんびきや》、靴は銀座タニザワといった具合である。

しかし、この制度は一九五四（昭和二十九）年に廃止されてしまう。商業の機会均等の高まりを背景に、宮内庁は見積もりをとって納入させるように改めたのである。

ただし、戦後に取引を開始した業者がある一方、宮内省御用達の時代から取引を続けている業者もある。

宮内庁に出入りする業者は厳正なる審査を受けた後、三年間宮内庁に出入りする通行証が与えられるという。その取引先はというと、食品はもちろん眼鏡、箸、組紐、足袋、和楽器まで、じつに幅広い。それらの業者は宮内庁の資料などで知ることができる。

制度自体はなくなったとはいえ、やはりそこはロイヤルブランド。〝宮内庁御用達〟の宣伝効果はとてつもなく大きいのである。

Key word

天皇家の墓

歴代天皇など皇室の祖先が静かに眠る聖所

◉天皇陛下のご意向で御陵は縮小されることに

二〇一三（平成二十五）年十一月十四日、宮内庁が天皇皇后両陛下の御陵とご葬儀のあり方について「天皇皇后両陛下のお気持ち」を発表し注目を集めた。その内容は、江戸時代初期から四〇〇年も続いていた土葬から火葬に転換し、御陵を縮小するというもので、今後は両陛下のお気持ちに添った方針で進められるとのことだった。

あらためて確認すると、御陵とは歴代天皇のお墓のこと。『皇室典範』では天皇、皇后、太皇太后、皇太后を葬る墓所を「陵」、そのほかの皇族の墓所については「墓」としている。天皇陵と聞くと、前方後円墳のような広大な古墳を連想する人も多いだろう。古代天皇の古墳は大阪府の堺市河内地方や奈良県の大和地域、飛鳥地域に多く、平安遷都以降は主に京都につくられていた。

平安末期からは寺院内に法華堂、多宝塔、石塔などを建立して葬ることも増え、江戸時

武蔵の地にある大正天皇陵(写真上)と昭和天皇陵(同下)

代には京都東山の泉湧寺に埋葬された。明治天皇の御陵は京都の伏見桃山御陵である。陵の数は一八八、墓は五五四、分骨所・火葬塚・灰塚など陵に準ずるものは四二、そのほか陵墓陵参考地など含めて八九八になる。所在地は北は山形から南は鹿児島まで、一都二府三〇県にわたる。

現在では宮内庁内規により、天皇陵は関東の国有地を充てると定められている。陵墓は国有財産のなかの皇室用財産とされ、宮内庁の所管となっている。

大正天皇陵（多摩陵《たまのみささぎ》）と貞明皇后陵（多摩東陵）、昭和天皇陵（武蔵野陵《むさしののみささぎ》）と香淳皇后陵（武蔵野東陵）は、八王子にある武蔵陵墓地にある。今上天皇のご意向が火葬、縮小が望ましいとされているのは、大正天皇陵と貞明皇后陵が隣り合い、ほぼ平行に設置されているのに対し、昭和天皇陵と香淳皇后陵はそうでなく、敷地に余裕がないのではないかとの懸念からといわれる。より縮小することにより、これから何代かは御陵をつくれるのではないかと将来を考えてのお気遣いからだとされている。

火葬を望まれたことについては、土葬よりも御陵の規模や形式を弾力化できるというお考えによる。現代では火葬が一般化しており、さかのぼれば江戸時代以前には火葬が行なわれたこともあり、火葬の復活であると説明されている。この歴史的転換によって、武蔵陵墓地に専用の火葬場を設置し、葬儀の流れも従来とは変わることになる。

第4章

皇族のご公務とご活動

key word

公務

天皇陛下が毎日取り組んでいるお仕事は想像以上の激務だった！

◉ご公務は国事行為と公的行為というふたつがある

天皇陛下がふだんどのようなご公務をこなされているか――その実態を知ると、想像以上の激務であることを痛感するに違いない。

日本国憲法第一条では、天皇は「日本国の象徴」「日本国民統合の象徴」であり、第四条に「国政に関する権能を有しない」としている。にもかかわらず、天皇陛下は数多くのご公務にあたられているのである。これはどういうことなのだろうか。

この疑問を解消するためには、憲法に定められた天皇が行なう国事に関する行為について、きちんと把握しておかなければならない。まずは、ご公務の内容を整理してみよう。

天皇の公務には「国事行為」と「公的行為」に分けられる。

◉国事行為は国政全般に権威を与える

国事行為については、日本国憲法第七条に十項目にわたって記されている。
一、憲法改正、法律、政令及び条約を公付すること。
二、国会を召集すること。
三、衆議院を解散すること。
四、国会議員の総選挙の施行を公示すること。
五、国務大臣及び法律の定めるその他の官吏の任免並びに全権委任状及び大使及び公使の信任状を認証すること。
六、大赦、特赦、減刑、刑の執行の免除及び復権を認証すること。
七、栄典を授与すること。
八、批准書及び法律の定めるその他の外交文書を認証すること。
九、外国の大使及び公使を接受すること。
十、儀式を行ふこと。
これにより、天皇陛下が公布される法律や政令、条約、さらに認可、公示、授与される関係書類は毎年一〇〇〇件を超える。そのほか宮内庁関係の文書で目を通されるものが毎年一五〇〇件以上にのぼり、陛下はその一件一件の書類に目を通され、署名と捺印（御名《ぎょめい》御璽《ぎょじ》）をされているのである。

国政に関する権能を有していないとはいえ、国事行為が目白押しである。国政に直接関与することはないものの、天皇が国家及び国民統合の象徴として、内政外交の重要事項に権威を与えているのは間違いないだろう。

さらに日本国憲法第六条では、天皇が負っている責務に関して、「天皇は国会の指名に基いて、内閣総理大臣を任命する」「天皇は、内閣の使命に基いて、最高裁判所の長たる裁判官を任命する」と定めている。国会で新しく首相が指名されると、首相は宮中に向かい、陛下から任命のお言葉と陛下自ら署名された任命書を賜る。これも陛下の重要なご公務のひとつである。

◉多岐にわたる「公的公務」の内容

次に、天皇陛下がこなされているもうひとつのご公務、公的公務についてみていく。公的公務とは、陛下が公的立場で行なう国事行為以外のものである。

身近なところでは、毎年新年にご一家でお姿を見せられる新年一般参賀があげられる。講書始《こうしょはじめ》や歌会始《うたかいはじめ》など新年に行なわれる行事は多い。

また、皇后陛下とともに主催されるの園遊会も公的公務に含まれる。園遊会は一九五三（昭和二十八）年から毎年二回、春と秋に赤坂御用地内の赤坂御苑内で催され、内閣総理大臣をはじめとする立法や行政、司法機関の要人や、各界の功労者、各国の領事など春秋合計で約二〇〇〇名が招かれる。両陛下は事前に招待者の説明をお受けになり、参列者にお声がけができるよう予備知識を備えたうえで会に臨んでいる。

そのほか、両陛下が国賓をもてなすために皇居の豊明殿《ほうめいでん》で催す宮中晩餐会も公的公務のひとつである。さらに、海外へのご訪問も公的公務に含まれる。

一方、少し趣を異にする公務が、プロ野球や大相撲の観戦だ。必ずしもご自身がお好きだからという理由で観戦されているわけではない。多くの場合、主催者側からの要請に応えてのもので、これも公的公務に含まれる。同じように、音楽や演劇、絵画展などにも主催者側要請に応える形で訪れている。

そのほか、毎年全国の都道府県のもちまわりで開催している全国植樹祭や国民体育大会の開会式、日本学士院や日本芸術院における恩賜賞授賞式、八月十五日の全国戦没者追悼式など、出席される行事は枚挙にいとまがない。加えて、国内の福祉関連の施設をご訪問されたり、地震災害、豪雨被害といった自然災害が発生した場合、その地域へお見舞いに向かわれるなど、国民とともにある象徴としての活動を大切になされている。

こうして陛下がふだん行なわれているご公務をみると、いかに大変な毎日かが想像できるのはないだろうか。

Key word
接遇

賓客をもてなす「ご会見」と「ご引見」では、どこがどう違う?

◉誰と会うかで名称が変わる

諸外国の要人たちが日本を訪れたとき、その国と親善を深めるために、天皇皇后両陛下は、そのお客様を皇居・宮殿に招いてお会いになられることが多い。そのご面会は、主旨と内容によって意味合いが大きく違ってくる。

相手が国王や大統領といった元首級の賓客の場合、そのご面会は「ご会見」と呼ばれる。一方、それ以外の賓客、たとえば各国の首相や国会議長、日本に着任したり離任したりする各国の大使などが相手の場合、「ご引見」という表現が使われる。

ご会見とご引見は、いずれも通常三〇分ほどである。しかし、両陛下が一度のご会見やご引見に費やすエネルギーは相当のものである。

まず、事前の調査が欠かせない。相手がどのような方なのかを把握するのはもちろん、以前にその国をご訪問された経験がある場合、両陛下はそのときの思い出話をご披露され、心を込めたお礼の言葉をご用意される。

天皇陛下は、お会いになる相手との会話を円滑に進めることができるよう、会見の一週間から数日前に、その国の駐在日本大使を御所に招き、レクチャーを受けられる。相手が夫妻の場合は、美智子さまもレクチャーに加わり、情報をご確認なされる。

そしてご会見・ご引見の当日、陛下は自ら宮殿の南車寄に出て賓客をお迎えになる。相手が夫妻の場合は、美智子さまもお迎えに加わる。そして車を降りたった賓客と握手を交わされ、渡り廊下を通って会場となる竹の間まで案内するのである。

ご会見・ご引見の終了後も、陛下のお心配りがおろそかになることはない。記念品を手渡したり、記念写真を撮られたりしてから、賓客の帰りを見送るために再び南車寄まで案内される。国賓レベルとなると、ご会見のあとに、宮中晩餐会を開催してもてなされることもある。

二〇一六（平成二十八）年を例にとると、ご会見・ご引見をされた回数は九〇回、その前年の二〇一五（平成二十七）年には、約一三〇回にものぼっている。これだけの回数を円滑に執り行なうため、宮内庁は外国交際に関する庶務を扱う専門のセクションである外事を設置し、外務省とも連携をとり、準備を進めるようにしている。そのためか、宮内庁には外務省の出身者・出向者が多くみられる。

Key word

接遇

天皇陛下が展開する「皇室外交」の絶大なる効果とは?

◉「皇室外交」という言葉は間違い?

天皇陛下は美智子さまとともに、たびたび外国ご訪問にお出かけになられる。そのたびにテレビや新聞には「皇室外交を展開」などの言葉が躍るが、じつは皇室外交という言葉は正確な表現ではない。なぜなら、天皇が外交で日本に利益をもたらすことは禁じられているからである。日本国憲法第四条には「天皇は、国政に関する権能(権限)を有しない」と記載されている。

つまり、あくまで天皇は日本国の象徴であるから、「外交」という政治的なニュアンスを発してしまう言葉は当てはまらないのである。

とはいえ、日本国憲法第七条には国事行為として、海外諸国との対応に関連する項目がある。「全権委任状及び大使及び公使の信任状を認証すること」「批准書及び法律の定めるその他の外交文書を認証すること」「外国の大使及び公使を接受すること」と、国際親善としての役割が求められている。本来、外交とは自国の国益を尺度に展開されるものだが、天皇は諸外国に対して公平・公正でなければならない。だから宮内庁は「皇室外交」という言葉は使用せず、それに代わる言葉として「皇室の国際親善」という言い方をしているのである。

◉幅広い皇室の国際親善の内容

それでは、宮内庁のいう「皇室の国際親善」とはどのようなものなのか、具体的な例をあげてみよう。

・外国を訪問する
・国賓を含む来日した外国賓客に会い、もてなす
・諸外国への災害見舞いや各国の建国記念を祝うなど、各国の元首らと電報（ご親電）や手紙（ご親書）をやりとりする
・駐日外国大使らを接遇する
・海外へ赴任する予定の大使や、任期を終えて帰国した日本の大使をねぎらう。

このように、皇室の国際親善はじつに幅広い。

外国訪問に関しては、天皇陛下は皇太子時代から回数を重ねられてきた。美智子さまと

ご結婚される前の一九五三（二十八）年、当時十九歳の陛下はエリザベス女王の戴冠式《たいかん》にご出席されるためにイギリスを訪問した。これが初めての外国訪問である。その後も何度も外国訪問を繰り返され、皇太子時代のご夫妻のご訪問回数は二十数回、ご訪問された国の数は四十か国以上を数えた。

皇位を継承された直後の初めての国際親善は、昭和天皇の大喪《たいそう》の礼だった。このとき陛下は一六四か国にのぼる弔問使節や、国連をはじめとする二七の国際機関の代表らと会見され、謝意を伝えられた。その後も陛下は、アメリカのブッシュ大統領やフィリピンのアキノ大統領、各国の国王夫妻など、元首級の要人との個別会見をこなされた。

心を尽されているのは要人との交流にとどまらない。外国を訪問した際には、可能な限り現地の人々と交流する機会を設けられている。さらに、現地に定住している日本人やその家族とお言葉を交わすなど、幅広い人々との友好を重ねられている。

陛下は控えめかつ謙虚な姿勢をお保ちになり、慈愛に満ちたお声をかけ続けてこられた。それにより、日本が諸外国と良好な国際関係を結ぶことに寄与されてこられた。特に、政治家や官僚による外交では、その時々で人が代わる。その意味で、同じ皇室ファミリーで続けられる国際親善の意味は大きく、メディアでは両陛下が「最高の外交資産」だと賞賛され、はからずも「皇室外交」と形容されてしまうのである。

天皇皇后両陛下の外国ご訪問

年	日程	訪問国	目的
1991年	9月26日 ～10月6日	タイ・マレーシア・インドネシア	各国の招待により、国際親善のためご訪問
1992年	10月23日 ～10月28日	中国	中国の招待により、国際親善のためご訪問
1993年	8月6日 ～8月9日	ベルギー	ボードゥアンⅠ世の葬儀にご参列のためご旅行
1993年	9月3日 ～9月19日	イタリア・ベルギー・ドイツ	各国の招待により、国際親善のためご訪問
1994年	6月10日 ～6月26日	アメリカ	アメリカの招待により、国際親善のためご訪問
1994年	10月2日 ～10月14日	フランス・スペイン	各国の招待により、国際親善のためご訪問
1997年	5月30日 ～6月13日	ブラジル・アルゼンチン	各国の招待により、国際親善のためご訪問
1998年	5月23日 ～6月5日	イギリス・デンマーク	各国の招待により、国際親善のためご訪問
2000年	5月20日 ～6月1日	オランダ・スウェーデン	各国の招待により、国際親善のためご訪問
2002年	7月6日 ～7月20日	ポーランド・ハンガリー	各国の招待により、国際親善のためご訪問
2005年	5月7日 ～5月14日	ノルウェー	ノルウェーの招待により、国際親善のためご訪問
2005年	6月27日 ～6月28日	アメリカ(サイパン)	戦後60年にあたり、戦没者慰霊と、平和祈念のためご訪問
2006年	6月8日 ～6月15日	シンガポール・タイ	シンガポールの招待及び外交関係樹立40周年のためご訪問 タイの招待及びタイ国王即位60年記念式典にご臨席のためご訪問
2007年	5月21日 ～5月30日	スウェーデン・エストニア・ラトビア・リトアニア・イギリス	各国の招請、招待により、国際親善のためご訪問
2009年	7月3日 ～7月17日	カナダ・ アメリカ(ハワイ)	カナダの招待により、国際親善のためご訪問　　ハワイでの明仁親王奨学金財団50周年記念行事に際し、国際親善のためご訪問
2012年	5月16日 ～5月20日	イギリス	イギリス女王即位60周年記念午餐会にご出席のためご訪問
2013年	11月30日 ～12月6日	インド	インドの招待により、国際親善のためご訪問
2014年	12月11日 ～12月13日	ベルギー	ファビオラ元王妃の葬儀にご参列のため、皇后陛下がご旅行
2015年	4月8日 ～4月9日	パラオ	戦後70年に際して戦没者慰霊と平和祈念、さらに国際親善のためご訪問
2016年	1月26日 ～1月30日	フィリピン	フィリピンの招待により、国交正常化60周年に国際親善のためご訪問
2017年	2月28日 ～3月6日	ベトナム	ベトナムの招待により、国際親善のためご訪問

出典：宮内庁ホームページ

key word
栄典制度

勲章や褒章はどんな功績を残した人に授与されるのか？

◉勲章を授与される人と褒章を授与される人

天皇の国事行為を規定した日本国憲法第七条には、「栄典を授与すること」とある。栄典とは栄誉、勲章《くんしょう》その他を含むもので、具体的には「叙位《じょい》、叙勲《じょくん》、褒章《ほうしょう》などが含まれる」とされている。つまり勲章や褒章を授与することは、天皇の国事行為のひとつということになるのである。ただし叙位は対象者が亡くなっているという条件がつくので、天皇から授賞者が直接祝っていただける栄典は勲章と褒章のふたつとなる。

それでは勲章と褒章を授与されるのは、どのような働きを評価された人なのだろうか。ひと言でいえば、公共に対して功労のあった人、社会の各分野において優れた業績をあげた人である。その栄誉の証として、勲章や褒章が授与されるのである。

ここで勲章と褒章の違いを整理しておこう。勲章は生涯を通じての功績や業績を表彰する。一方、褒章は社会や公共の福祉、文化など、特定の貢献のたびに顕彰する。どちらも授与は毎年四月二十九日（昭和の日）と、十一月三日（文化の日）に行なわれ、勲章受章者は毎回概ね四〇〇〇名、褒章受章者は八〇〇名にのぼる。

二〇一四（平成二十六）年には、ソチ・オリンピック金メダリストのアイススケート選手・羽生結弦氏が最年少で紫綬《しじゅ》褒章を授与したが、それはオリンピックという舞台で輝かしい成果を出したからである。褒章は貢献分野によって呼び方が変わり、紅綬褒章、緑綬褒章、黄綬褒章、紫綬褒章、藍綬《らんじゅ》褒章、紺綬褒章の六種類がある。

◉勲章の名称とデザインの違い

褒賞同様、勲章も大勲位菊花章《だいくんいきっかしょう》、桐花大綬章《とうかだいじゅしょう》、旭日章《きょくじつしょう》、瑞宝章《ずいほうしょう》、文化勲章など、いくつかの種類に分かれている。

最高位は大勲位菊花章。これがさらに二段階に分かれており、大勲位菊花章頸飾《けいしょく》が最高位の勲章で、外国の元首を除けば現在は天皇陛下しかおもちではない。

二番目に高位である大勲位菊花大綬章も、皇族以外の保持者はひとりしかいない。それは中曽根康弘元首相である。ちなみに、生前に授与されたのは中曽根氏以外に吉田茂元首相と佐藤栄作元首相のみ（両名は死後に大勲位菊花章頸飾を受章している）。単に総理大臣を務めただけではなく、きわ立った功績がなければ授与されないのだ。

三番目に高位である桐花大綬章は、総理大臣や衆参議長経験者、最高裁長官などが受章している。民間では、優れた実績を残した企業経営者などに授与されている。

桐花大綬章に続くのが旭日章と瑞宝章だ。これらは六段階（大《だい》綬章、重光《じゅうこう》章、中《ちゅう》綬章、小《しょう》綬章、双光《そうこう》章、単光《たんこう》章）に細かく区分されている。大綬章は天皇から直接授与される。旭日章は顕著な功績があった民間人、瑞宝章は事務次官級の人が受章するケースが多い。

また、ニュースでよく耳にする文化勲章も栄典の一種である。科学や文化の発展において特に顕著な功績をあげた人が対象とされ、ノーベル医学賞を受賞した山中伸弥教授をはじめノーベル賞受賞者の受章が記憶に新しい。かつては天皇列席のもとで内閣総理大臣が授与行為を行なっていたが、一九九七（平成九）年からは天皇陛下が直々に授与することとなった。

勲章のデザインには種類によって異なる。現在の保持者が今上天皇のみの大勲位菊花章頸飾は、文字どおり首飾りで、皇室の紋章である菊花と菊葉が配されている。大勲位菊花大綬章も菊花をあしらっている。桐花大綬章は桐の花をモチーフにしたデザインである。

日の丸を象徴した日章をデザインしたのが旭日章で、瑞宝章は古代の宝鏡をモチーフにデザインされている。文化勲章は五弁の白い橘の花がデザインされ、中央に白い三つ巴の勾玉があしらわれている。

Key word

園遊会

一度は招待されてみたい天皇皇后両陛下主催の華やかな社交会

◉明治時代に始まった園遊会の宴

毎年春と秋の二回、赤坂御苑において園遊会が催されている。これは天皇皇后両陛下の主催で行なわれ、皇太子同妃両殿下をはじめとする皇族方も出席される。

一般にはどんな会なのか、なかなか想像しにくいが、野外で行なう社交会といったところだろうか。両陛下からお声がかかるのを待つあいだ、やや緊張した面持ちで招待者が整列している姿をテレビで見たことがあるだろう。

古来、日本の朝廷では中国の陰陽思想の影響を受けて、陰暦の九月九日に「菊花の宴」が催されていた。紫宸殿《ししんでん》の御帳《みちょう》に、邪気を祓い寒くなるのを防ぐといわれるグミを入れた袋を下げ、天皇の前に菊を生ける。詩文を捧げ、天皇から菊の花を酒に浸した菊酒が下賜される、という会だった。この宴から明治期に「観菊会」や「観桜会」が生まれ、やがて現在の園遊会に発展したのである。

初の観菊会は一八八〇（明治十三）年十一月、現在の園遊会の開催場所と同じ赤坂離宮で行なわれた。一八七三（明治六）年に皇居が失火していたため、仮皇居があった赤坂が選ばれた。欧米諸国との関係強化のため、井上馨外務卿の発案で各国の公使や領事などを夫妻で招いて催された。翌一八八一（明治十四）年四月には観桜会が始まっている。

その後、日中戦争勃発の影響などもあり、観菊会は一九三七（昭和十二）年、観桜会は翌一九三八（昭和十三）年に中止されてしまったが、戦後になると観菊会が園遊会として復活した。元のふたつの会も内閣総理大臣の主催によって新宿御苑で開かれる「桜を見る会」と、環境大臣が主催する「菊を観る会」として今に受け継がれている。

◉招待されるのはどんな人？

現在の園遊会は、内閣総理大臣、国務大臣、衆議院議長及び副議長、最高裁判所長官、都道府県の知事や市町村の首長に加え、著名人やオリンピックのメダリスト、各界の功労者が夫妻で招待される。各界の功労者は産業、文化、芸術、社会事業など幅広く、招待人数は二〇〇〇名にのぼる。これら招待者は宮内庁が直接選んでいるのではなく、各関係省庁が吟味し、推薦した人のなかから選ぶという方法が採られている。

園遊会ではサンドイッチやちまき寿司、焼き鳥などの食事が楽しめる。各国の要人も招

園遊会で招待者に語りかける天皇皇后両陛下（毎日新聞社提供）

かれることから、宗教上の混乱を避ける意味で、肉料理を出す場合はブタやウシではなく、御料牧場で生育されたヒツジを使ったジンギスカン料理が振るまわれる。

さらに和菓子の老舗・虎屋の「菊焼残月《きくやきざんげつ》」というお土産もついてくる。これは菊の御紋をあしらった和菓子で、宮中での祝宴の引き出物としてよく用いられている。

そして園遊会のハイライトは、なんといっても招待者と両陛下のご歓談である。整列した招待者の前に両陛下が進まれ、前列に誘導された招待者と親しく話を交わされる。事前に招待者のプロフィールを把握され、親しく語りかける両陛下のお姿に感銘を抱くのは、なにも列席者だけではない。報道で見ている国民も同じである。

Key word
宮中晩餐会

国賓歓迎のために開かれる夕食会 その気になる料理メニューとは？

◉最上級のおもてなしが光る晩餐会

外国の元首や王族が国賓として来日すると、天皇皇后陛下が歓迎の夕食会を催される。これを「宮中晩餐会」という。

舞台となる皇居宮殿内の豊明殿は、新年や天皇誕生日の祝宴が開かれる場所で、宮殿内でもっとも広い（九一五平方メートル）。豊明殿の名は、昔の宮中の饗宴を意味した豊明《とよあかりの》節会《せちえ》に由来するとされる。

晩餐会には両陛下のほか、皇族の方々、首相などの三権の長、国会議員、文化人など百数十人が招待される。そして部屋の東側に設けられた奏楽堂《そうがくどう》にて宮内庁楽部がＢＧＭとなる生演奏を奏でるなか、二時間にわたっておもてなしの心にあふれた饗宴が続くのである。

晩餐会は天皇陛下のお言葉でスタート。相手国の国歌演奏や陛下による乾杯の後、国賓による答辞、日本国歌演奏、国賓の乾杯と続き、いよいよ会食となる。

料理はフランス料理を中心としたフルコースである。スープ、魚料理、肉料理、サラダ、アイスクリーム、デザートの構成となっており、メインの肉料理は欧州では最上級とされる羊肉が使われることが多いという。その肉は皇室専用の御料牧場で飼育されたサ・フォーク種の最上級品の羊肉である。

ちなみに、各国王室のパーティでは必ずといっていいほどフランス料理が振るまわれるが、それはどの国の人も食べ慣れているからである。日本でも明治時代に西洋の料理人を雇って外国の賓客に西洋料理を出してきた。大正時代に「天皇の料理番」と呼ばれた秋山徳蔵氏が本格的なフランス料理を作り上げ、今もそのレシピの精神が受け継がれているといわれる（通常は天皇陛下のお食事を作る宮内庁大膳課の調理人が担当している）。

食器も明治時代からの晩餐会の伝統を受け継いでいる。明治時代に当時の最高の技術でつくられた菊の御紋入りの和食器が使われており、細部に至るまでの心配りがみてとれる。

心配りは給仕にも表われている。フレンチのフルコースといえば、食べた皿が下げられると、次の皿が運ばれてくるのがふつうだが、宮中晩餐会ではテーブルには空の皿も置かれ、奉仕員が大皿に盛りつけた料理をもって席をまわる。これは招待客が食べたいものを取り分けられるようにと、好き嫌いを考慮した心配り。晩餐会は隅々まで行き届いた天皇皇后両陛下のおもてなしの心があらわれる空間なのである。

Key word

稲作

天皇陛下が自ら稲作に取り組んでいる理由とは？

◉天皇家は稲作と深く結びついている

天皇陛下は皇居内の生物学研究所に整備された水田において、毎年稲作を実践されている。実った稲を刈るだけではない。春は四月中旬に種もみをまかれ、初夏の五月下旬から六月初旬にかけて田植えをなされる。さらに秋の九月下旬には稲刈りをされている。つまり、一年を通して稲作にいそしんでおられるのである。

天皇が稲作に取り組み始めたのは、先代の昭和天皇からである。明治天皇も赤坂離宮内に水田をつくらせ、自ら育成されたという話はあるが詳らかではない。昭和天皇は一九二七（昭和二）年、侍従たちの勧めを受けて、当時の赤坂離宮内で稲作を始められた。一九二九（昭和四）年からは、皇居内に水田を整備された。

今上天皇は昭和天皇から引き継ぐ形で稲作を続けられているが、種もみから取り組まれるようになったのは、今上天皇が初めてである。毎年、種もみや田植えの日になると、シヤツ姿に長靴履きというスタイルで苗代や水田に足を運ばれ、作業をお進めになられている。宮内庁は陛下の種まきを「お手まき」と呼んでいる。

そもそも、天皇と稲作は深く結びついている。神話によると、天皇家の皇祖神である天照大神は、地球上に舞い降りた「天孫降臨《てんそんこうりん》」の際、皇孫に稲穂をお授けになり「大切に育てて継承しなさい」というご神勅を残したという。そうした歴史があるため、稲作は皇室にとって深い意味をもつのである。

三二〇平方メートルある皇居内の水田で作付けされているのは、うるち米の「ニホンマサリ」ともち米の「マンゲツモチ」。基本的には無農薬で栽培され、ふだんは宮内庁庭園課が毎日の見まわりや、除草、防鳥網の設置などを行なっている。陛下も「お手まき」「お田植え」「お稲刈り」の行事以外の日に、稲の生育具合をご覧になるために見まわることは珍しくないという。

陛下によって刈り取られた稲は、伊勢神宮へと運び込まれる。そして十月中旬に神宮内で行なわれる神嘗祭《かんなめさい》の場で、根つきのまま神前に奉納され、豊穣の一年だったことに対する感謝が捧げられるのである。また、収穫された稲穂は、その後に催される新嘗祭《にいなめさい》でも供えられる。新嘗祭では陛下自身もその年にできたお米を召し上がる。お供えした後に残った米穀は、日常の食事に供されるといわれている。

Key word
私生活

天皇皇后両陛下はふだんプライベートで何を楽しみにされている？

◉楽器の演奏からテニス、車の運転までと多趣味

多くのご公務に忙殺されている天皇皇后両陛下であるが、ご公務を離れたプライベートな時間には何を楽しんでおられるのだろうか。両陛下にとっては、甚だ迷惑かもしれないが、一般にはとても気になる話である。

お二人の場合、プライベートといっても、完全なプライベートとはなかなかいかない気の毒な面がある。たとえプライベートで行動されていても、その一挙手一投足を見逃すまいとマスコミは追いかけてくるし、そのお姿をひと目見たいとつめかける一般の人々も大勢いる。世間には熱烈な皇室ファンが少なくないのだ。

放っておいてもらえないなかで、両陛下が楽しまれているご趣味のひとつが、楽器の演奏である。陛下はチェロ、美智子さまはピアノやハープをたしなんでおられ、休日になるとお二人でアンサンブルを楽しむこともあるようだ。

楽器を演奏するということに関しては、皇太子さまも有名である。学生時代からヴィオラをたしなんでおられ、「学習院OBオーケストラ」などの演奏会にも出演されている。皇太子さまも何かあるたびにカメラに追われ、演奏されている様子もメディアで流されるので、完全なプライベートとはいえないのは両陛下と同様である。

両陛下のご趣味として忘れてならないものがもうひとつある。そう、テニスである。お二人は、かつて軽井沢でロマンスを育むきっかけとなったテニスを現在も楽しんでおられる。八十歳を過ぎても現役であり、週末などには皇居内にあるテニスコートで汗を流されることも少なくないそうである。

また、健康維持をかねて、両陛下は散歩も楽しんでおられる。お二人で御所の周辺を散策されたり、ときには皇居内の東宮御苑まで足を延ばされたりすることもある。

さらにもうひとつ、陛下の意外な楽しみとして、お車の運転をあげることができるだろう。

愛車は二〇年以上もともにしているホンダのインテグラだといわれている。週末に皇后さまを乗せ、皇居内のテニスコートまでの片道約一キロをドライブされるのを楽しんでおられるらしい。

Key word

皇室取材

記者会見はお誕生日や外国訪問を前に行なわれる

◉皇室の記者会見は質問形式

一般の人々が天皇陛下のお言葉を耳にする貴重な機会のひとつとして、記者会見があげられる。記者会見は天皇家や皇室の方々のお誕生日や成年式、ご結婚といった節目、また外国ご訪問の前など特別な行事があったときなどに行なわれ、宮内庁がセッティングする。

記者会見では、皇室の方々の所信や思いをじっくり聞くことができる。たとえば皇太子さまや秋篠宮さまの記者会見では、お子さま方のご様子を知ることができる。

では、誰がこの記者会見に参加できるのか。

マスコミ関係者であればOKというわけではない。宮内庁の記者クラブである宮内記者会に所属している新聞、通信、テレビなどのいわゆる報道機関に限られており、時折、外国の報道機関が加わることもある。

記者会見では、あらかじめ宮内記者会による質問事項がまとめられて届けられる。天皇陛下をはじめとする皇室の方々は、その質問に沿ってお答えを準備され、それをお話になるという形式になっている。いわば考え抜かれて出されたお答えのため、ほんとうの生のお声というわけにはいかないのが実情だ。

皇室報道に関しては、宮内庁総務課の報道室が担当しており、細かい制約が設けられている。たとえば写真ひとつにしても、ご公務であればマスコミの取材が入るが、新年に公開されるお写真や、お誕生日を前にしたお写真といった御所内の撮影は、宮内庁の嘱託カメラマンが行ない、それをマスコミに提供する。

園遊会のニュース報道で、天皇陛下のお声が流れることもあるが、それは音声マイクを突き出しているわけではない。列席者の前列に並ぶ人を選び、あらかじめその人にピンマイクをつけて、陛下のお声を拾っているのである。

最近は「ひらかれた皇室」といわれているように、宮内庁は天皇陛下をはじめ、皇室の方々の活動をもっと知ってもらいたいと積極的に活動している。宮内庁総務課の報道室に広報係を立ち上げ、ホームページを開設して両陛下のご動静などの情報を提供している。

皇室の方々の生のお声を聞きたいが、ご公務に支障をきたしてはならないし、何より失礼があってはならない。だから芸能人を取材するようにはいかないのだ。どこまでひらかれればよいのか。宮内庁も報道機関も、このさじ加減に神経を使っているようだ。

Key word
勤労奉仕

皇居清掃ボランティアに参加すれば天皇陛下にお会いできる？

◉皇居を清掃する勤労奉仕とは？

皇居は一一五万平方メートルの広大な敷地を誇り、江戸時代からの手つかずの自然が残された緑豊かな場所である。これだけの広さがありながらもきれいに掃き清められている。広大な敷地を管理するのはさぞや大変かと思われるが、皇居内の敷地の一部を清掃しているのは、「皇居勤労奉仕」と呼ばれる一般人によるボランティアである。

勤労奉仕は敗戦直後から始まった。一九四五（昭和二〇）年一二月、宮城県の青年団有志六〇人が、皇居外苑の草取りを申し出たのが最初とされる。宮内省（当時）がこれを受け入れたことにより、有志グループが手弁当や道具持参で、空襲で焼け落ちた宮殿の処理に当たることになった。

このとき昭和天皇がお出ましになり、ねぎらいの言葉をかけられると、それをきっかけに各地から皇居の清掃の申し出が相次ぎ、勤労奉仕団が生まれたのである。

広大な敷地面積を誇る皇居は、一般のボランティアが清掃している

現在では原則として一五歳以上から七五歳までの人なら誰でも一五～六〇人以内のグループを作って郵送で申込むことができる。申請が許可されると平日の連続する四日間、皇居や東宮御所などがある赤坂御用地で草刈り、清掃、庭園作業に従事することになる。

この勤労奉仕団の活動に参加すれば、ふだんは入ることができない皇居の奥まで入ることができるし、天皇皇后両陛下にお会いできるチャンスも生まれる。

両陛下が皇居にいらっしゃるときは週に二回程度、奉仕団の人々とお会いになり、一同を前に感謝のお言葉を述べられる。これを「ご会釈」という（陛下が公式に会われる場合は拝謁で、非公式の場合は会釈となる）。一方、赤坂御用地での奉仕では、皇太子さまがお出ましになり、ご会釈をなされる。

宮内庁のホームページには両陛下による勤労奉仕団へのご会釈が掲載されており、二〇一六（平成二十八）年度だけでも、二五一団体、七八一六人にご会釈をしておられる。

逆に言えば、それだけ多くの人が参加していることになる。宮城県の青年団有志から始まったこの活動は、これまでのべ一二〇万人以上が参加しているという。

このように美しい皇居の景観は、皇室を敬う多くの人々の奉仕精神によって維持、保全されてきたのである。

第5章

宮中祭祀のいろいろ

Key word 宮中祭祀

国事行為、公的行為に続く天皇陛下のもうひとつのお仕事

◉伝統を大切に守って行われている「宮中祭祀」

天皇陛下が取り組まれているご公務は、国事行為と公的公務のふたつに分けられる。このふたつだけでも、相当の量になることは前述したとおりだ。

しかし、陛下のお仕事はこれだけにとどまらない。毎年決まった「宮中祭祀」を執り行なっているのである。

宮中祭祀は私的行事ではあるが、戦前の天皇家ではもっとも重視されていた。なぜなら当時は天皇主導の「政《まつりごと》」と神道の「祭り」が密接にかかわる「政祭一致」となっており、宮中祭祀も国事行為とみなされていたからである。

しかし戦後、GHQ（連合国軍最高司令官総司令部）は、〝神国日本〟という国家イメージが軍国主義につながると判断。日本政府が神社神道を援助することや政府関係者、宮内庁の職員が皇室の祭祀に関わることを禁じた。

現在の主な宮中祭儀

月日	名称	場所	内容
1月1日	四方拝	神嘉殿	早朝、天皇陛下が神嘉殿前庭から伊勢神宮や山陵、四方の神々をご遙拝になる。
1月1日	歳旦祭(小祭)	三殿	四方拝の直後に行なわれる年始の祭典。
1月3日	元始祭(大祭)	三殿	年始にあたり、皇位の大本と由来とを祝し、国家国民の繁栄を祈る。
1月4日	奏事始	鳳凰の間	掌典長が天皇陛下に対し、伊勢神宮と宮中における昨年の祭事が無事に終了したことを申し上げる。
1月7日	昭和天皇祭(大祭)	皇霊殿	昭和天皇の崩御相当日に行なわれる祭典。夜は御神楽が行なわれる。
1月30日	孝明天皇例祭(小祭)	皇霊殿	孝明天皇の崩御相当日に行なわれる祭典。
2月17日	祈年祭(小祭)	三殿	五穀豊穣を祈願する祭典。
春分の日	春季皇霊祭(大祭)	皇霊殿	天皇陛下が歴代の天皇・皇后・皇親の霊を祀る。
春分の日	春季神殿祭(大祭)	神殿	神恩感謝の祭典。
4月3日	神武天皇祭(大祭)	皇霊殿	神武天皇の崩御相当日に行なわれる祭典。
4月3日	皇霊殿御神楽	皇霊殿	神武天皇祭の夜、御神楽を奉奏して神霊をなごめる。
6月16日	香淳皇后例祭(小祭)	皇霊殿	香淳皇后の崩御相当日に行なわれる祭典。
6月30日	節折	宮殿竹の間	天皇陛下のためにお祓いを行なう。
6月30日	大祓	神嘉殿	皇族をはじめ国民のためにお祓いを行なう。
7月30日	明治天皇例祭(小祭)	皇霊殿	明治天皇の崩御相当日に行なわれる祭典。
秋分の日	秋季皇霊祭(大祭)	皇霊殿	天皇陛下が歴代の天皇・皇后・皇親の霊を祀る。
秋分の日	秋季神殿祭(大祭)	神殿	神恩感謝の祭典。
10月17日	神嘗祭(大祭)	賢所	新穀を賢所にお供えになる神恩感謝の祭典。
11月23日	新嘗祭(大祭)	神嘉殿	天皇陛下が新穀を皇祖はじめ神々にお供えになり、神恩を感謝された後、自らもお召し上がりになる。
12月中旬	賢所御神楽(小祭)	賢所	夕刻から御神楽を奉奏し、神霊をなごめる。
12月23日	天長祭(小祭)	三殿	天皇陛下のお誕生日を祝う。
12月25日	大正天皇例祭(小祭)	皇霊殿	大正天皇の崩御相当日に行なわれる祭典。
12月31日	節折	宮殿竹の間	天皇陛下のためにお祓いを行なう。
12月31日	大祓	神嘉殿	皇族をはじめ国民のためにお祓いを行なう。

出典：宮内庁ホームページ

その結果として宮中祭祀は憲法上、日本国とは関係なく、純粋に皇室の私的行事とみなされるようになったが、天皇家はそうしたなかでも宮中祭祀の伝統を守りぬいてこられたのである。

◉神々しい祭祀の数々

では、宮中祭祀には具体的にどのようなものがあるのだろうか。

宮中祭祀の本質は「自然を敬い、祖先の霊を招いて歓待すること」にある。これは神道に則ったものにほかならない。自然と調和して稲作を行なう農耕民族の代表として、天皇は神に豊作を祈願し、豊作がもたらす領土の安泰と人々の幸福や繁栄を願うのだ。

現在、宮中祭祀は一年間で二十数回あり、「大祭」と「小祭」に分かれている。

天皇陛下が自ら行なうのが大祭で、陛下は拝礼した後、御告文《おつげぶみ》を奏でる。具体的にどのような祭祀があるかというと、たとえば一月三日に「元始祭《げんしさい》」が催される。これは皇位の大本と由来を祝す祭祀で、三殿で国家国民の繁栄が祈られる。

一月七日の「昭和天皇祭」も大祭のひとつ。昭和天皇が崩御された日に、皇霊殿でしめやかに行なわれる。四月三日に行なわれる「神武天皇祭」も初代天皇の崩御された日に行なわれる大祭である。

春分の日と秋分の日にも大祭がある。先祖の霊を祀る「皇霊祭」が皇霊殿で、神恩に感謝をささげる「神殿祭」が神殿で、それぞれ春季と秋季に行なわれている。さらに、十月十七日には収穫したばかりの穀物を供え、神恩に感謝する「神嘗祭《かんなめさい》」が催される。

大祭のなかで特に重要なのが、毎年十一月二十三日に催される「新嘗祭《にいなめさい》」だ。その年に収穫されたばかりの穀物を、天皇陛下が皇祖神をはじめとする神々に供えて感謝し、自らもその穀物を食べる神事である。

一方、小祭は掌典長《しょうてんちょう》が儀式を行ない、陛下は拝礼を行なう。一月一日午前五時から宮中三殿（賢所、皇霊殿、神殿）で行なわれる「歳旦祭《さいたんさい》」や、二月十七日に五穀豊穣を祈願する「祈年祭《きねんさい》」などがある。

そのほか、大祭にも小祭にも含まれない祭祀がある。たとえば一月一日の早朝、陛下が神嘉殿前庭から伊勢神宮と山稜、そして四方の神々に祈る「四方拝《しほうはい》」である。これは、最高位の祭服に身を包んで拝礼する儀式で、代役を立てることは許されない。

先述のとおり、現在の宮中祭祀は、あくまで皇室の私的な儀式という扱いになっている。したがって報道陣に詳細が公開されることもなく、国民もあまり知らないというのが本当のところだろう。しかし、天皇陛下が国家国民のため、祖先のために祈り続けてこられたことはまぎれもない事実である。

Key word

皇位継承

新しい天皇への皇位継承の儀式はこうして行なわれる

◉崩御された日に三種の神器が受け継がれる

万世一系の天皇家にとって、皇位継承の儀式は何より重要なものといえる。現在は践祚《せんそ》式《しき》、即位式、大嘗祭《だいじょうさい》の三部から構成されているが、長い歴史をひも解くと時代ごとに形式などの変遷が見られる。

近現代においては、明治維新での王政復古による変化があった。明治天皇は即位式において、それまでの天皇が着用されていた唐風の衣装ではなく、和風の束帯を召された。

また、神道に基づく飾りが選ばれている。一九〇九（明治四十二）年には践祚式、即位式、大嘗祭の詳細を定めた「登極令《とうきょくれい》」が公布され、大正天皇の即位についてはこれに従い執り行なわれた。

そして戦後に日本国憲法が発布され、天皇の存在が統治者から日本国と日本国民統合の象徴とされると、政教分離に対応する必要が生じ、皇位継承の儀式にもさまざまな変化が求められるようになった。

その一環とでもいえばいいだろうか、天皇の践祚式は「皇位継承の儀」と呼ばれるようになる。一九八九（昭和六十四）年一月七日、昭和天皇が崩御されると、ただちに今上天皇の「皇位継承の儀」が行なわれた。これは内容的には践祚式と同じ儀式で、皇位の象徴として三種の神器がその日のうちに受け継がれた。

皇位継承の儀式は、正殿・松の間で行なわれる「剣璽等承継《けんじとうしょうけい》の儀」から始まった。これは三種の神器のひとつであり、勾玉《まがたま》とともに常に天皇のそばにあるとされる剣璽《けんじ》を受け継ぐ儀式である。もうひとつの神器である八咫鏡《やたのかがみ》は賢所に奉斎されているため、動かされることはない。二日後の一月九日には、「即位後朝見の儀」が行なわれた。今上天皇が松の間において三権の長、国民の代表に会われた。

このように皇位はすぐさま継承されたが、新天皇として即位されたことを国の内外に広く示す即位式はまだ先であり、それまでに数多くの段階を踏むこととなる。

◉東京で初めて行われた今上天皇の即位礼

昭和天皇から皇位を受け継がれた今上天皇は、それから一年間「諒闇《りょうあん》」と呼ばれる喪に服された。そして喪があけると、一九九〇（平成二）年一月二十三日に「賢所に期日奉告の儀」を行なわれた。賢所に即位、大嘗祭の日取りを告げられたのである。

ちなみに、賢所とは「かしこどころ」とも「けんじょ」ともいわれ、皇居内で天照大神の御霊代《みたましろ》とする神鏡《しんきょう》を祀っている場所である。これより即位礼に向けて、三十にものぼる儀式、行事が始まったのである。

そして一九九〇（平成二）年十一月十二日、「即位礼正殿《せいでん》の儀」が行なわれた。午前九時、帛御袍《はくのごほう》を召された今上天皇は、賢所、皇霊殿、神殿の宮中三殿で即位することを神々に奉告された。これは「即位礼当日賢所大前の儀及び皇霊殿神殿に奉告の儀」といわれる。

正殿・松の間での盛大な儀式は午後一時から始まった。重要な儀式でのみ着用される黄櫨染御袍《こうろぜんのごほう》を召された今上天皇は、高御座《たかみくら》に昇られ即位を宣明。向かって右側やや後ろには御帳台《みちょうだい》が置かれ、五衣・唐衣・裳を召した皇后が昇られていた。

高御座の下には束帯姿の皇太子以下の男性皇族の方々が、御帳台の下には十二単をまとった女性皇族の方々が並ばれた。国内各界の代表をはじめ、諸外国の首脳、代表などの参列者は約二千五百名にも上った。

天皇が「即位のお言葉」を読み上げられると、総理大臣が「寿詞《よごと》」といわれるお祝の言葉を述べ、その後で参列者が万歳三唱をする。北の丸公園では陸上自衛隊による礼砲二十一発が鳴り響いた。

今上天皇の即位式は、東京で初めて行なわれる即位式となった。大正天皇、昭和天皇の即位式は、京都御所のにおいて「紫宸殿の儀」として行なわれていた。

天皇を象徴する玉座である高御座は、大正天皇の即位の際につくられたものであり、紫宸殿に置かれていた。縦五・四五メートル、横六・〇六メートル、高さは六・四八メートル、重量は八トン。東京での即位礼のために高御座はいったん解体され、宮殿までヘリコプターで運ばれた。

松の間での儀式が終わると、午後三時半からは「祝賀御列《しゅくがおんれつ》の儀」が行なわれた。天皇皇后両陛下がオープンカーに乗られ、皇居正門の二重橋から赤坂御所までパレードされたのだ。沿道には十二万人もの人が集まり、祝賀ムードに沸いた。

そして夜には「饗宴《きょうえん》の儀」が始まり、十五日まで昼夜七回にわたり祝宴が開かれた。十三日には赤坂御苑での園遊会、また十八日には宮殿東庭で一般参賀も行なわれた。

このように皇位継承の儀式、行事はきわめて規模が大きく数が多い。一連の儀式のなかでも、即位礼当日の「即位礼正殿の儀」「祝賀御列の儀」「饗宴の儀」の三儀式について、政府は「国事行為」と位置づけ、即位式当日は祝日となった。そして、新帝が神々に新穀を備え、ともに食する「大嘗祭」については皇室の公的行事とされた。大嘗祭については、次に詳しく見ていくこととする。

Key word
大嘗祭

宮中祭祀のなかで最重要とされる即位後初めての新嘗祭

◉宮中祭祀のなかでも最も重要とされる大嘗祭

「大嘗祭」とは、天皇が即位され初めて臨まれる新嘗祭のことである。通常の新嘗祭より規模が大きいうえ、一代に一度の大祭として宮中祭祀のなかでもっとも重要視されている。七世紀末、天武《てんむ》天皇の頃に確立されたといわれる。

大嘗祭をあげないままでは「半帝」と呼ばれてしまうくらい意味のある祭祀で、この儀式を無事に終えてこそ皇位継承が完了するといわれる。しかし、それほど重大な儀礼であるにもかかわらず、大嘗祭は宗教色が強く『皇室典範』にも明示されていないことから、国事行為ではなく皇室の私的行事と位置づけられているのだ。

まず、通常の新嘗祭がどのようなものかをまとめておこう。

新嘗祭は毎年十一月二十三日の勤労感謝の日に行なわれ、前夜から儀式が始まる。その年の新穀でつくった飯と酒を神々にお供えし、天皇陛下自らも食される。収穫に感謝し、五穀豊穣と世の安寧を祈るのである。

この新嘗祭のスケールと重要性を増したものが大嘗祭である。今上天皇の場合、一九九〇（平成二）年十一月十二日に即位礼に臨まれ、十日後の二十二、二十三日に大嘗祭に臨まれた。これらふたつを合わせて「平成の大礼」という。

大嘗祭のための準備は、一九九〇年二月八日の「斎田点定《さいでんてんてい》の儀」から始まっていた。これは大嘗祭で神饌《しんせん》とされる米、粟を栽培する斎田をどこにするか定める儀式。宮中の神殿前庭において占いの一種「亀卜《きぼく》」が行なわれ、秋田県（悠紀田《ゆきでん》）と大分県（主基田《すきでん》）に決まった。

祭祀の舞台となる大嘗宮の準備も、皇居の東御苑において進められていた。およそ九〇〇〇平方メートルの敷地で、七月に樹木の伐採と移植、八月に地鎮祭《じちんさい》が行なわれ、悠紀殿と主基殿、廻立殿《かいりゅうでん》など三十九棟からなる大嘗宮が建てられた。大嘗宮の総面積は三二〇〇平方メートルもあったが、儀式が終わればすぐに解体されることが決められていた。

●天皇が神とともに神饌を召し上がる

大嘗祭の準備が整い、華やかな即位礼が終了すれば、いよいよ大嘗祭である。十一月十六日には神宮に勅使を送り、二十日に天皇陛下が禊《みそぎ》をされる「大嘗祭前二日御禊」と、皇族の方々をはじめとする列席者をお祓いする「大祓《おおはらい》の儀」が行なわれた。翌二十一日には御霊を鎮め、儀式の無事を祈る「大嘗祭前一日鎮魂の儀」が続いた。

いよいよ大嘗祭当日。まず米と粟のご飯、新穀から造られた白酒、黒酒、生もの、果物などの神饌が運び込まれる。夕方六時半には潔斎して白い御祭服を召された陛下が悠紀殿に入られ、神饌を一品ずつ箸でつまんでお供えした。そして天照大神をはじめとする神恩に感謝され、ご自身も神とともに神饌の一部を召し上がった。それから天皇は廻立殿に戻られて潔斎され、午前零時半より主基殿において同様の儀式が行なわれた。

大嘗祭の意義については、天照大神から天皇霊を受け継ぎ、神格を授かる儀式とする説が根強い。殿内の中央に神座があり、そこに降りた大神と同床共殿になって神の子となるのだという。

大嘗祭は非公開の祭祀であり、長らく秘儀といわれてきた。儀式の際には総理大臣以下多くの人々が列席するものの、それは大嘗宮の外側でのことであり、皇太子でさえ隣接の西隔殿で待たれる。今上天皇の大嘗祭では内部をうかがうことがかなわなかった。しかし最近では、新嘗祭の様子が一般に知らされ始めている。二〇一三（平成二十五）年十二月二十三日には、今上天皇が八十歳の傘寿を迎えられ、それを機に初めて新嘗祭の映像と写真が公開されている。

key word
結婚の儀式

いくつもの儀式を経て認められる男性皇族の結婚

◉皇室会議の承認が必要な男性皇族の結婚

秋篠宮家の長女・眞子さまのご婚約内定表をきっかけに、皇族の方々の結婚に注目が集まっている。眞子さまの場合、皇籍を離脱されて民間人になられるため、さまざまな儀式はあるものの結婚式のあげ方に規定はない。しかし、男性皇族はそうはいかない。ご結婚には大変細かい手続きが必要になるのだ。

まず皇室会議でご結婚が正式に承認されることから始まる。会議メンバーは皇族二方、衆参両議院の議長と副議長、内閣総理大臣、宮内庁長官、最高裁長官と最高裁判事の計十名からなる。その後の流れについては、皇太子さまを例にしてみてみよう。

ご結婚が承認されると、結納に当たる「納采《のうさい》の儀」、結婚の日取りを伝える「告期《こっき》の儀」を経て「結婚の儀」と続いていく。

納采の儀では、皇太子さまの使者が花嫁となる小和田家を訪れた。そして雅子さまとそのご両親が出迎えられ、納采を執り行なうことを告げた。雅子さまが「謹んでお受けいたします」と答えると、使者が結納品の目録を渡して儀式は終了。この納采の儀でもって正式な婚約となるのである。

次は、結婚の儀を行なう日取りを告げる「告期の儀」である。皇太子さまのご結婚は国の儀式のため挙式の日取りを決めるにも閣議決定を経なければならなかった。その決定を受け、天皇陛下の使者が小和田家を訪れて日程を報告。結婚式までの間、雅子さまはお妃教育を受けたり、衣装や招待客のリストの準備を進めたりして過ごした。

結婚の儀の前日には、皇太子さまと雅子さまが侍従を介して和歌を贈りあう「贈書《ぞうしょ》の儀」が執り行なわれた。これでいよいよ結婚の儀の準備が整ったことになる。

●古式ゆかしい束帯と十二単

結婚の儀は宮中で行なわれる。皇太子さまは宮中の正装である束帯姿、花嫁の雅子さまは髪を大垂髪《おすべらかし》に結い、五衣・唐衣・裳姿となった。皇太子さまの束帯は黄丹袍という昇る朝日を象徴した色で、皇太子しか着用することができない。雅子さまの五衣・唐衣・裳はいわゆる十二単《じゅうにひとえ》のことで、内側から小袖、長袴、単、五衣、内衣、表着、唐衣と続き、最後に長い裾を引く裳を引きずる。お二人は、この装束で宮中三殿のひとつ賢所での結婚の儀に臨まれた。結婚の儀では賢所に祀られている皇祖神・天照大神の御前で固めの杯を交わして結婚の誓いを立てられ、やがて皇霊殿、神殿に結婚を告げられた。

結婚の儀を終えると皇太子さまは燕尾服、雅子さまはローブ・デコルテの洋装で、天皇皇后両陛下に拝謁。これが結婚のご報告とお礼を述べられる「朝見《ちょうけん》の儀」である。雅子さまは両陛下からお言葉を賜り、固めの杯を交わすことで名実ともに皇太子妃となった。

その後、皇居から東宮御所まで帰邸する際にはご成婚パレードが行なわれた。雅子さまにとっては、皇太子妃になって初めて国民の前にお姿を見せられるセレモニーである。

新居に戻られたお二人は、初めて一緒にお食事をする「供膳《くぜん》の儀」、結婚から三日間祝いの餅を供える「三箇夜餅《みかよもち》の儀」を行なう。これは古代からの伝統的な儀式。男性が女性の家に通う通い婚だった平安時代、婿が通い始めて三日目に結婚の成立となり、新夫婦がそろって餅を食べて結婚を祝った儀式に由来している。

残る儀式は、宮殿で行なう「祝宴の儀」である。これは一般でいう披露宴に当たり、皇族の方々や国会議員、民間の代表者などを招いて三日間にわたり催される。

以上が結婚までの一連の流れである。男性皇族ともなれば、結婚式を行なうのも容易でないことがわかるだろう。皇太子さまのご結婚は、私的行事ではなく国家の行事として執り行なわれるため、挙式費用として国家予算が計上される。

key word
出産の儀式

ご懐妊からお箸初めまで次々と続くおめでたい催し

◉着帯の儀から始まる出産の儀式

皇室でお子さまが誕生すると、健やかな成長を祈ってさまざまな儀式が催されるが、それはすでに、誕生前から始まっている。

妃殿下がご懐妊されたときに行なわれるのが「着帯の儀《ちゃくたい》」だ。これは岩田帯《いわたおび》と呼ばれる腹帯をつける儀式のことで、皇室ではご懐妊五ヶ月目の戌《いぬ》の日に内祝いとなる内着帯を行ない、妊娠九ヶ月目の戌の日に正式な着帯の儀を執り行なう。一般でも犬のお産が軽いことにあやかって、妊娠五ヶ月の戌の日につけるしきたりが残っている。

着帯の儀の歴史は古く、すでに平安時代の一条《いちじょう》天皇のときに行なわれていた記録がある。江戸時代には内着帯と着帯の儀の二回の儀式となっていた。

一般的には帯はさらし木綿だが、皇室では生平絹《きのひらぎぬ》を使用する。これは天皇陛下から下賜されるもので、天皇の霊威が宿った腹帯で安産を願う思いが込められている。

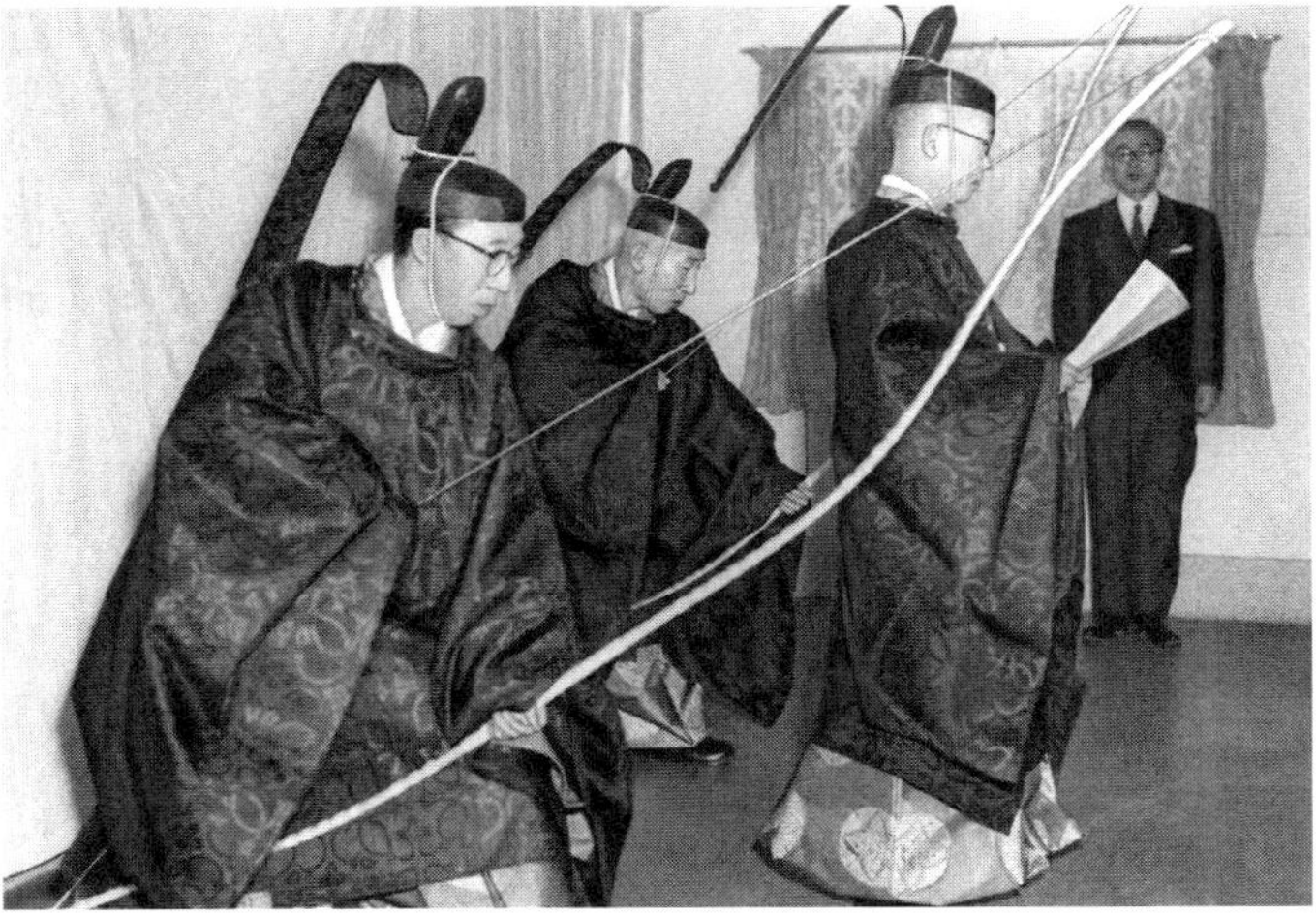

浩宮さま（現在の皇太子さま）の浴湯の儀の様子（毎日新聞社提供）

着帯の儀は「御帯進献の儀」「着帯奉告の儀」「着帯の儀」の三つからなる。御帯進献の儀は使者を通して陛下から下賜された腹帯を届ける儀式で、着帯奉告の儀は帯を宮中三殿に供え、侍従と女官が拝礼する儀式。そして着帯の儀では、実際に帯があてられるのである。

◉出産当日以降の儀式

ご出産されてから最初に行なわれるのが、当日または翌日に天皇陛下から白鞘の直刀が下賜される「皇子に御剣《ぎょけん》を賜るの儀」である。剣はお子さまを悪霊などから守る「守り刀」とされ、皇女の場合は合わせて袴が贈られ、ともに枕元に運ばれる。

そして誕生七日目、いわゆるお七夜には、

陛下からお名前を賜る「命名の儀」が行なわれる。天皇の子または皇太子の子は、名前と称号を賜る。そして陛下自ら毛筆で書かれた名前と、宮内庁長官の書いた称号が、女官長を通じてお子さまの枕元に届けられるのだ。

これと同日には一般の産湯《うぶゆ》に当たる「浴湯《よくとう》の儀」と「読書《とくしょ》・鳴弦《めいげん》の儀」も行なわれる。これは悪魔を祓い、健やかな成長と学問の上達を祈願する儀式である。

女官に抱かれたお子さまが沐浴《もくよく》の最中（あるいはその所作をしているとき）に、読書の役の文官が『日本書紀』などの文献の一節を高らかに読む。そのあいだに、鳴弦の役の武官が「おお」という掛け声とともに弓の弦を引き鳴らす。平安時代から伝わり、読書の役も鳴弦の役も衣冠束帯姿で行なう古式ゆかしい儀礼である。

こうした一連の儀式を終えると、誕生後五〇日後に宮中三殿を初参拝する「賢所皇霊殿神殿に謁するの儀」が行なわれる。これは一般でいうお宮参りである。この初参拝をもって出産にまつわる儀式は終わる。

その後は「お箸初《はしぞ》めの儀」をはじめ、成長にともない訪れる節目において、さまざまな儀礼が続いていくのである。

Key word

葬儀

日本中が涙に暮れた昭和天皇の「大喪の礼」

◉新宿御苑で行なわれた昭和天皇の葬儀

天皇の葬儀は「大喪《たいそう》の礼」と呼ばれる。『皇室典範』第二十五条に「天皇が崩じたときは、大喪の礼を行なう」と定められており、昭和天皇の場合、一九八九（昭和六十四）年二月二十四日に行なわれた。

昭和天皇は一月七日に崩御され、ご遺体は吹上御所一階の居間を殯殿《しんでん》として安置された。翌日には檜の柩に納棺する「御舟入《おふねいり》」が行なわれ、柩を正殿・松の間に移す「殯宮《ひんきゅう》移御の儀」と続いた。それから大喪の礼までのおよそ一か月の間、祭官長が供物を供える「殯宮日供《にっく》の儀」が日々行なわれ、十日ごとに天皇皇后両陛下、皇族の方々が拝礼された。

そして迎えた大喪の礼当日。午前九時半、柩を載せた轜車《じしゃ》は、陸上自衛隊の二十一発の弔砲に送られ、皇居を出て葬場の新宿御苑へ向かった。

葬場では葱華輦《そうかれん》と呼ばれる輿《こし》に柩が移され、それを衣冠単の装束に身を包んだ皇宮警察官が担いで運び、総檜造りの葬場殿に柩が安置された。

そこでは、まず「葬場殿《そうじょうでん》の儀」が執り行なわれた。祭官長の祭祀の言葉に始まり、今上天皇が拝礼され誄《るい》（弔辞）を奏上し、皇族の方々が拝礼。

その後、国事として営まれたのが「大喪の礼」である。全員で黙とうしたのち、内閣総理大臣、衆参両議員議長、最高裁判所長官の三権の長の弔辞があり、参列者が拝礼した。参列者は各界、各国の代表など一万人近い人数にのぼった。

その後、柩は轜車で武蔵陵墓地へと運ばれ、石室に柩が納められた。これを「陵所の儀」といい、祭官長の祭詞、今上天皇の告文、皇族の方々や三権の長の拝礼と続いた。

翌日からは、仏式の追善供養に相当する儀式が約一年にわたって行なわれた。宮中の権殿と山陵（陵墓）での祭官による日供、十日、二十日、三十日、四十日、五十日目、百日目の祭典などだ。そして二月七日に一周年祭が行なわれ、翌日の大祓を経て、ようやく葬送行事は終わったのである。

◉神道式の葬儀は明治時代から

意外なことに、皇室の神道式の葬儀を整えたのは明治政府だった。

それまで朝廷は、仏教を手厚く保護してきた歴史から、中近世において天皇家の葬儀を長らく仏式で行なっていた。むろん陵墓も寺院内に造られていたのである。

しかし、王政復古により天皇の統治する国へと転換するなかで、明治政府は神道の国教化を図っており、皇室の葬儀も仏式から神道式へと改めたわけだ。神道式の葬儀について検討が重ねられ、その詳細を定めた『皇室喪儀令』は一九二六（大正十五）年に公布されている。

一九一二（明治四十五）年の明治天皇の葬儀も、およそ『皇室喪儀令』に沿って行なわれ、大正天皇の葬儀で正式に適用されることとなった。

しかし戦後、天皇は統治者から日本と日本国民結合の象徴となり、『皇室喪儀令』は廃止された。こうした経緯から、昭和天皇の葬儀は『皇室喪儀令』に準じた儀式としつつ、政教分離の原則を踏まえる形が求められた。

その結果、葬列と「大喪の礼」は国事行為、神道儀礼に則った「葬場殿の儀」は皇室の私的行事という位置づけがなされた。具体的には「葬場殿の儀」の終了後、いったん幔門《まんもん》を閉じ、鳥居や真榊《まさかき》を撤去して宗教的要素を除き、祭官は退席、それから再び幔門が開けられ、「大喪の礼」が行なわれたのである。このように、天皇の葬儀も時代による変遷をたどってきたのである。

key word

新年祝賀の儀式

陛下が挨拶される晴れがましい祝儀

◉一〇〇〇人近くから新年の祝賀

憲法で定められた天皇の国事行為のなかで、一年の最初に行なわれる国事行為たる儀式が「新年祝賀の儀」である。これは毎年一月一日、天皇皇后両陛下が皇太子さま以下の皇族方、三権の長、在日外交団などから新年の祝賀を受けられる儀式である。

古来、元日に文武官が天皇に祝賀をあらわす儀式（朝賀）が催されてきた。それを受けて明治時代に「新年朝賀の儀」として整備され、一九二六（大正十五）年には『皇室儀制令』が定められた。そして一九五二（昭和二十七）年、国事行為とすることが閣議決定され、今日に至っている。

天皇陛下の元旦は早い。まだ夜も明けやらぬ早朝から四方拝という宮中祭祀に臨まれる（143ページ参照）。御所に戻られると皇后さまとお祝膳を召し上がり、侍従、女官など職員から新年の祝賀を受けられる。その後、陛下は燕尾服にお着替えになり、ローブ・デコルデ姿の皇后さまとともに御所から宮殿へお移りになる。宮殿では「晴れの御膳」に箸をつけられた後、宮内庁幹部、続いて皇族方、元皇族やご親族から祝賀を受けられる。

ここまでは皇室内での行事であり、この後いよいよ「新年祝賀の儀」が始まる。

まずは正殿・梅の間で首相以下閣僚、続いて正殿・松の間で衆参両院議長ら立法府高官、正殿・竹の間では最高裁長官ら司法関係者、さらに松の間で検事総長や各省庁事務次官、都道府県知事と議長らから祝賀を受けられる。列席する人が次々と入れ替わるのではなく、両陛下が場所を移動されながら祝賀を受けられるのだ。

午後に宮内庁内の祝賀を受けられたあと、午後二時半からは日本に駐在する一五〇近い各国の大使夫妻から松の間において祝賀を受けられる。これも新年祝賀の儀である。

祝賀は基本的に各代表者が御前に進み出てお祝いを申し上げ、陛下からお言葉を賜る形式だが、皇族方と大使夫妻は一組ずつ御前で最敬礼して両陛下が会釈される。外交団の場合は人数が多いので一時間近くかかることもあるという。

こうしてこの一日だけでも両陛下は、一〇〇〇人近くから祝賀を受けられることになる。

翌日の二日には、皇居宮殿の長和殿ベランダにお出ましになり、今度は一般国民から参賀を受けられる（一般参賀）。このとき国民に向けて新年の言葉を述べられるお姿が有名だが、こちらは国事行為ではなく公的公務である。

Key word
四方拝

大嘗祭や新嘗祭と同じくらい重要とされる元日の儀式

◉四方拝に始まる宮中祭祀

一年の始まりを天皇陛下はどのようにお迎えになるのだろうか。ここでは元日の宮中祭祀について詳しくみてみよう。

祭祀は元旦の四方拝《しほうはい》に始まる。午前五時半、天皇以外は着ることが許されない儀式用の黄櫨染御袍《こうろぜんのごほう》をお召しになり、伊勢神宮を遥拝する。その後、天地四方の天神地祇《てんじんちぎ》と天皇陵、さらに一宮氷川神社（東京都）、一宮賀茂両社（京都府）、石清水八幡宮、熱田神宮、鹿島神宮、香取神宮などを遥拝する。陛下はこの遥拝において国家安泰、五穀豊穣を祈り、新しい生命の復活を寿ぐのである。

四方拝は平安初期の嵯峨天皇の時代から続けられてきた伝統のある儀式で、その様子は誰も見ることが許されない。もちろん、代拝もできない。これは新嘗祭や大嘗祭と同じくらい重要な祭祀なのである。

続いて宮中三殿において歳旦祭《さいたんさい》が執り行なわれる。年の初め、月の初めである一月一日に天照大神をはじめとした神々に感謝し、国家繁栄を祈願する祭祀である。

賢所と皇霊殿では女性の内掌典が神前に神酒を供えておく。五時頃には神饌（精米一升と精粟五升）と幣物《へいもつ》を奉り、掌典長が祝詞《のりと》を唱える。六時頃になると四方拝を終えられた天皇陛下が賢所へ入り、内陣に着座。御玉串を捧げて拝礼され、鈴が引き鳴らされる。これが皇霊殿と神殿でも行なわれる（鈴は賢所のみ）。

陛下が神殿を退出されると、つぎは皇太子さまが三殿をそれぞれ拝礼される。

歳旦祭は小祭だが、三日には大祭である「元始祭《げんしさい》」が執り行なわれる。同じく黄櫨染御袍をお召しになった陛下が午前十時に賢所で綾綺殿《りょうきでん》へ入り、御玉串を捧げて拝礼され、御告文を奏され、鈴が引き鳴らされる。皇霊殿と神殿でも同じように拝礼、御告文があり、神恩感謝と皇室と国家の繁栄を祈願される。ついで同じく装束を召された皇后・皇太子・同妃が三殿の内陣に参進し、拝礼される。さらに洋装を召された皇族方、宮内庁や皇宮警察の職員などが各殿にある拝席に進み拝礼する。

このように元旦から三日までの間、陛下は国家安泰を祈る宮中祭祀を厳粛に執り行なっているのである。

Key word

歌会始

皇室では和歌が伝統 NHKで生中継される新年最初の歌会

◉入選した一般人の歌が詠まれる

毎年一月中旬に行なわれる「歌会始《うたかいはじめ》の儀」は、新年恒例の宮中行事としてNHKで生中継されている。ニュースでも取り上げられるので、会場の様子を目にしたことがある人は多いだろう。

歌会始には天皇皇后両陛下、皇太子さまをはじめとする皇族の方々が出席される。文部科学大臣、日本藝術院会員などの陪聴人《ばいちょうにん》もずらりと並ぶ。

ここで披露されるのは皇室の方々のお歌ばかりではない。宮中に詩歌を差し出すことを「詠進《えいしん》」というが、歌会始ではあらかじめ発表されているお題を詠んだ歌を一般から広く募っている。そして、寄せられた歌のなかで特に優れていると認められた「預選歌《よせんか》」（入選歌）一〇首が、歌会始で両陛下、皇族の方々の前で詠みあげられるのである。

預選歌一〇首に続き、選者のなかの一名の歌、陛下から召されて歌を詠む召人《めしうど》の歌が披露され、続いて皇族の方々のお歌、皇后さまのお歌（御歌）、最後に天皇陛下のお歌（御製）が詠まれる。預選者も陪聴者として会場に入ることができ、自分の歌のときには起立することが求められている。終了後には、両陛下と入選者が語らう場が設けられる。歌を通じて皇族の方々と触れ合える数少ない機会である。

和歌は国の誕生とともに生まれ、歴代天皇は国民の幸せを願い、歌を詠んできたといわれている。ひとつのお題で歌を詠み披講する「歌会」は、『万葉集』にも記されるほど古くから行なわれていた。

天皇が年始に「歌御会始」（後の歌会始）を催されたという記述は、鎌倉時代中期には見られ、長い歴史がある。江戸時代の宮中ではほぼ毎年行なわれていたようだ。

こうした歌会は皇族と側近のみの行事だったが、それを変えたのが明治天皇だった。一般国民が和歌を差し出す詠進が認められることとなり、特に優れた歌が歌御会始で発表されるようになったのだ。

戦後になると、より広く歌を募るためお題が平易になった。かつては「庭上鶴馴」「社頭寒梅」というお題だったのに対し、近年は「立」「静」「本」「人」「野」などのお題となっている。いかに詠進しやすくなったかがわかるだろう。日本国内のみならず海外からも注目を浴び、毎年二万首前後が詠進されている。

key word

蹴鞠

競い合うのではなく蹴り続けることが大事とされる遊び

◉中大兄皇子も興じた蹴鞠

蹴鞠《けまり》と聞くと、京都御所の春と秋の一般公開で見られる雅な遊びをイメージする人も多いだろう。年始には下鴨神社で初蹴鞠が奉納されるなど、神社の年中行事として継承されている。

鞠を蹴る鞠足《まりあし》（演者）は、鞠袴《まりはかま》、鞠水干《まりすいかん》と呼ばれる装束を身につけて、鴨のくちばしのような独特の形をした鴨沓《かもぐつ》をはく。蹴鞠をする鞠庭《まりにわ》は、約一三・五メートル四方の広さがあり、四隅に松、桜、柳、楓などの木が立てられる。そのなかで、八名または六名または四名の鞠足たちが輪になり、鞠を落とさないようにまわしながら蹴り続けるのだ。

蹴るのは右足だけで、膝を曲げず足裏が見えない程度に足を上げ、腰を曲げず優雅な姿勢をとることが求められる。

鞠は鹿の革を縫い合わせた直径約二〇センチ、重さは一〇〇〜一五〇グラムである。む

京都・白峯神社の境内に立つ蹴鞠の碑

ろん、すべて手作りなので形の大小や若干の重さの違いはある。

この優雅な遊びはおよそ一四〇〇年前、大和朝廷時代に中国から伝えられたといわれる。六四五（大化元）年に大化の改新を牽引した中大兄皇子（のちの天智天皇）が中臣鎌足と親しくなったのも、蹴鞠の会がきっかけだったという。

点数を競うスポーツとして球技を楽しむ今日、蹴鞠は競い合うものとはされていない。勝ち負けを決めるのではなく、相手が受け取りやすく、蹴りやすいように鞠を渡すことが重視されれのだ。

そのため、一ゲーム何分といった時間制限もない。輪になった鞠足たちがともに楽しみ、通常は一〇～一五分程度して、鞠足のひとりから声がかかれば終了となる。

蹴鞠が宮中で好まれ、鞠会がしばしば催されたことは、平安中期以降の古文書に見ることができる。和歌などと並ぶ貴族のたしなみとして重視され、鎌倉時代には武士階級にも広まった。江戸時代になると庶民にまで浸透して、謡曲や狂言、浮世草子などの題材として登場するようにもなった。

伝統が危機に瀕したのは明治時代のこと。維新からの近代化、西洋化が急がれるなか、優雅な球戯は時代に取り残されつつあった。

これを危惧されたのが明治天皇で、一九〇三（明治三十六）年に勅命を下されている。その勅命と下賜金により京都で有志による蹴鞠保存会が発足し、危機を脱出。その活動が今日まで続いているのである。

第6章

皇室の歴史

Key word
皇室の起源

日本の皇室はいつから始まったのか？

◉皇室のルーツは天照大神

日本の皇室のルーツは、日本神話で高天原《たかまがはら》（天上界）の主神とされる天照大神《あまてらすおおみかみ》だとされている。天の岩戸に隠れたことによって世界が闇になってしまったという「天岩戸伝説」で知られ、現在は伊勢神宮の内宮《ないくう》に祀られている皇室の皇祖神である。

では、天照大神と皇室が何をもってつながるのかというと、「天孫降臨」の神話である。日本最古の歴史書『古事記』や『日本書紀』（記紀）には、次のように記されている。

天照大神は孫の瓊瓊杵尊《ににぎのみこと》に対し、高天原から降臨して日本国を治めるように命じた。天地の続く限り、瓊瓊杵尊の子孫が日本を統治せよというのだ。この詔を「天壌無窮《てんじょうむきゅう》の神勅」という。

瓊瓊杵尊は日向の高千穂に降臨し、山の神である大山祇神《おおやまつみのかみ》の娘・木花咲耶姫《このはなさくやひめ》と結婚。二人の間には火闌降命《ほのすそりのみこと》（海幸）、彦火火出見尊《ひこほほでみのみこと》（山幸）という二人の息子が生まれた。やがて火闌降命と彦火火出見尊は釣り針の紛失が原因で対立し、彦火火出見尊は海神の宮に赴く。そこで海神の娘・豊玉姫《とよたまびめ》と結婚すると、兄を服従させることにも成功した。

彦火火出見尊と豊玉姫との間にできた子を鸕鷀草葺不合尊《うがやふきあえずのみこと》という。鸕鷀草葺不合尊は豊玉姫の妹である玉依姫《たまよりひめ》の間には神日本磐余彦尊《かむやまといわれびこのみこと》が生まれた。この神日本磐余彦尊こそが、初代天皇となる神武《じんむ》天皇である。

神武天皇は四十五歳のとき、東方に都に適したよい土地（大和）があるとして、兄とともに大軍を率いて旅立った。宇佐、筑紫と北上して瀬戸内海を進み、安芸、吉備で数年ずつとどまり、ようやく浪速に至る。豪族・長髄彦《ながすねひこ》との戦いに敗れ、兄を失ってしまうが、苦難のすえに大和を征服し、橿原宮で帝位につく。これがいわゆる「神武東征」の物語だ。

『日本書紀』によると、神武天皇が即位したのは紀元前六六〇年二月十一日。現在、この日は「建国記念の日」となっている（戦前は「紀元節」といった）。

◉伝説と史実の境界はどこか？

しかし、『古事記』や『日本書紀』の解釈については諸説あり、神武天皇は伝説上の天皇と見る専門家が多い。実際に大和政権が成立した時期は三〜四世紀にかけてと考えられており、神武天皇の即位年である紀元前六六〇年とはあまりにかけ離れているからだ。

また、『日本書紀』は初めて国を治めた天皇として、神武天皇だけでなく十代・崇神天皇の名前もあげている。『古事記』も、初めて国を治めた天皇として崇神天皇の名前をあげている。こうしたことから、神武天皇から九代・開化天皇までは伝説上の天皇であるとの見方が根強い。

それでは、史実としての初代天皇は誰かというと、崇神天皇であるとする説、十四代・仲哀天皇までが伝説上の天皇であり、十五代・応神天皇もしくは第十六代・仁徳天皇の頃から実在すると唱える説などがある。

高天原の神話が成立したのは、六世紀半ばの二十九代・欽明天皇の時代あたりといわれる。『古事記』が成立したのは七一二（和銅五）年、『日本書紀』は七二〇（養老四）年。

現在も盛んに研究が進められ、さまざまな異論も多く出ている。

あまりに遠い時代のことであり、何が神話で何が史実かを検証するのは難しい。ただし、皇室の宮中祭祀については『日本書紀』の記述を事実ととらえて実施されてきた。

なお、「天皇」という称号が用いられるようになったのは七世紀後半、四十代・天武天皇からとされ、それ以前は「大王《おおきみ》」と称していたとみられている。天皇号の由来については、道教の影響により中国の伝説上の皇帝を表す「天皇・地皇・人皇」からとも、北極星を神格化した「天皇大帝」からともいわれており、真相は定かではない。

Key word 女性天皇の歴史

かつて日本に存在した8人の女性天皇はどんな天皇？

◉史上初の女性天皇は推古天皇

近年、女性天皇の導入や女系の皇族への皇位継承資格の拡大に関してさまざまな議論が展開されているが、歴史をさかのぼると、日本にはかつて八人・十代の女性天皇が存在した。では、歴代世帯はどのような人物だったのだろうか。

八人・十代のうち、六人・八代は六〜八世紀の在位である。

初の女帝となったのは三十三代・推古天皇。推古天皇は二十九代・欽明天皇の皇女で、異母兄である三十代・敏達天皇の后妃となり、続く二代の皇位（三十一代・用明天皇と三十二代・崇峻天皇）に兄弟がついた後に即位している。

推古天皇といえば、聖徳太子を思い浮かべる人が多いだろう。自分の甥にあたる太子を摂政とし、中央集権国家の体制整備を進め、飛鳥時代の最盛期を築いた。

二人目の女性天皇となったのは三十五代・皇極天皇である。三十四代・舒明天皇の皇后となったが、息子であり後継者候補であった中大兄皇子（のちの三十八代・天智天皇）がまだ若いうちに天皇が崩御してしまったため、中継ぎとして即位した。

ところが、中大兄皇子は藤原（中臣）鎌足らとともに、当時権勢をふるっていた蘇我氏を倒す乙巳《いっし》の変（大化の改新）を起こす。これによって皇極天皇は退位し、その弟が二十六代・孝徳天皇となったが、孝徳天皇は十年もせずして崩御したため、再び皇極天皇が即位して三十七代・斉明天皇となった。

三人目の女性天皇は四十一代・持統天皇である。持統天皇は天智天皇の皇女で、四十代・天武天皇の皇后であった。天武天皇の崩御を受けて即位すると、見事な政治手腕をふるい、律令体制を完成へと導いた。単なる中継ぎと思いきや、そうではなかった。

その後、四人目の四十三代・元明天皇、五人目の四十四代・元正天皇を経て、六人目の四十六代・孝謙天皇が誕生する。

孝謙天皇は奈良の大仏を建立したことで知られる四十五代・聖武天皇の皇女であり、後継男子がいなかったために即位した。その後、いったん譲位して四十七代・淳仁天皇を立てたが、淳仁天皇との間で対立が深まると、孝謙上皇は淳仁天皇を廃し、四十八代・称徳天皇として再び即位することになった。

このように、推古天皇が即位した六世紀末から八世紀後半の称徳天皇までは、女性天皇がおよそ一代おきに誕生していた。そして称徳天皇が古代における最後の女帝となった。

◉江戸時代にも二人の女性天皇が誕生

平安時代、鎌倉時代、室町時代において、女性天皇は誕生しなかったが、江戸時代になると久方ぶりに復活する。

一六二九（寛永六）年、一〇九代・明正天皇が即位した。じつに八五九年ぶり、七人目の女性天皇誕生である。父は一〇八代・後水尾天皇、母は二代将軍・徳川秀忠の娘の和子で、徳川家を外戚とする天皇は後にも先にも明正天皇しかいない。

即位当時、明正天皇は七歳だったが、父の後水尾《ごみずのお》天皇が幕府による圧迫の強まりに怒りを募らせて譲位したことから幼い女帝の誕生となった。

そして八人目、現時点において最後の女性天皇となったのが一一七代・後桜町天皇である。後桜町天皇は一一五代・桜町天皇の皇女。一一六代・桃園天皇が崩御した際、皇子がまだ幼かったために一七六二（宝暦十二）年に後桜町天皇が即位し、八年後に後桃園天皇に譲位した。

後桜町天皇以来、現在まで二五〇年近くが経っている。九人目の女性天皇が誕生するのはいつになるのだろうか。

Key word

公家

長きにわたり皇室を支え続けてきた貴族の官人たち

◉公家の七割が藤原氏

皇室は公家によって支えられてきた。皇室にとっては、公家なしに皇室は成り立たないといえるほど重要な存在であった。

公家の発祥は、古墳時代に朝廷に仕え、その身分を世襲化した豪族たちだとされる。豪族が次第に没落すると「源平藤橘」といわれる公家、すなわち源氏、平氏、藤原氏、橘氏が台頭し、そのなかから藤原氏が大きな力をもつようになった。

藤原氏は大化の改新を主導した藤原（中臣）鎌足を始祖とする大族で、鎌足の息子・不《ふ》比等《ひと》が娘の光明子《こうみょうし》を聖武天皇の皇后に据えて以来、天皇家の外戚として権勢を振るった。

そして平安時代に藤原氏は摂政、関白となり、政界の頂点に君臨。その後、時代は武士の時代に移るが、藤原氏の嫡流が明治維新まで一〇〇〇年近くにわたり摂政、関白の地位を独占し続けたのである。

明治維新時、公家のなかでも上級の公家はほとんど藤原氏の流れをひいていた。しかも、最も格の高い近衛《このえ》、鷹司《たかつかさ》、一条、九条、二条の五摂家のうち、近衛、一条、鷹司の三家は皇室の子孫になっていたのである。

近衛家と一条家は、安土桃山から江戸時代にかけて豊臣秀吉と関係を深くしていた一〇七代・後陽成天皇から二人の皇子を摂家の養子に迎え入れたことにより、同天皇の子孫となった。鷹司家は閑院宮直仁《かんいんのみやなおひと》親王の子を養子に迎えて子孫となった。近衛家に関してはその後、別家から養子を迎えることがなく、今も皇胤の血筋が伝えられている。

明治時代に入ると公家は天皇を支える特権身分である華族となり、それぞれ爵位を定められた。摂家の者は公爵、その下の清華家の者は侯爵となり、子爵以上を与えられた公家の約七割を藤原氏が占めることになった。そしてほとんどの公家が天皇の東上と前後して京都から東京に移った。

しかし、上級の公家とそれ以下の公家では格差が生じた。近衛家や冷泉家などが名門として重んじられたり、国会ができると貴族院議員として活躍したりする一方、その他大勢の公家はごく普通の市井の家に落ち着いたのである。そして戦後、華族制度が廃止されると、その栄華の歴史も終焉を迎えることとなった。

Key word
宮家の歴史

現在は減少傾向にある宮家の栄枯盛衰

◉戦後、十四宮家の十一が消滅

皇室関連のニュースに、宮家という言葉がたびたび登場する。宮家とは、天皇家を助けたり、皇統が断絶しないようにするために設けられた皇族の家のことで、これまでに増えたり減ったりしてきた。

江戸時代末期、宮家は「四親王家」と呼ばれる伏見宮、桂宮、有栖川宮《ありすがわのみや》、閑院宮の四宮家しかなかった。跡継ぎがいない宮家は天皇家から養子を迎えるが、跡継ぎ以外の男子は出家して子孫を残さないということになっていた。しかし幕末から明治時代にかけて、王政復古にともない皇室の規模を拡大しようという動きが見られ、宮家の数が激増する。

まず幕末動乱のなかで、出家していた皇子たちが還俗、久邇宮家と山階宮家が立てられた。約一五〇年ぶりの新宮家誕生である。次に明治時代には皇族の出家が禁じられ、小松宮家、華頂宮家、梨本宮家、北白川宮家が成立。跡継ぎがなく断絶する宮家もあったが、太平洋戦争戦前まで皇室は拡大していった。

ところが、戦後は一転して縮小を余儀なくされる。日本の占領政策を担うGHQ（連合国軍総司令部）は、皇室の弱体化させるため、十四家となっていた宮家のうち十一家を消滅させたのである。宮家が皇籍から離脱することを「臣籍降下」といい、北白川宮、梨本宮、朝香宮、賀陽宮、東伏見宮、伏見宮、東久邇宮、久邇宮、山階宮、閑院宮、竹田宮がその対象とされた。

臣籍降下となった十一宮家はすべて、四親王家の筆頭である伏見宮家の系統だった。昭和天皇をはじめ一部の皇族たちはGHQの決定に反意を示したといわれるが、それが聞き入れられることはなかった。結果、十一宮家は皇族から離れ、民間人として生活を歩むことになった。その不慣れな生活のなかで苦難を経験された方も少なくない。

こうして宮家は、大正天皇の皇子で昭和天皇の弟である秩父宮、高松宮、三笠宮の三宮家だけとなった。その後、秩父宮と高松宮は断絶し、現在は今上天皇の次男である秋篠宮、今上天皇の弟である常陸宮、三笠宮の三男であられる高円宮の三宮家が加わって四宮家となっている。

近年では、皇統継承のため十一の旧宮家の皇籍復帰も議論されているが、七家は断絶するか後継の男子がなく、残るは久邇家、朝香家、東久邇家、竹田家の四家である。

key word

皇室と女性

皇室を離れた女性、皇室に嫁いだ女性

◉結婚は皇族同士と決まっていた

二〇〇五（平成十七）年、今上天皇の一人娘・清子《さやこ》さまが一般家系の黒田家に嫁がれ、皇室を離れた。また最近、大学時代の同級生との婚約内定報道が出ている秋篠宮家の長女・眞子さまに対しても、皇籍離脱を惜しむ声が上がっている。

このように現在、一般男性と結婚した皇族の女性は皇室を離れることになっているが、特に清子さまや眞子さまのような内親王に関しては、戦前まで皇族以外と結婚することが許されていなかった。幕末、皇女・和宮が十四代将軍・家茂に降嫁しているが、これは歴史を塗り替える一大事だった。当時は尊王攘夷運動が高揚し、幕藩体制が揺らいでいたため、幕府は朝廷と合体し、体制の立て直しを図ろうとして行なわれたのである。

その後、明治天皇の四人の内親王が皇族男性に嫁がれ、新たな宮家が創設された。昭和天皇の内親王四人については、成子さまは戦時中に東久邇宮盛厚王《もりひろおう》と結婚され、戦後になってからも妹君が公家や旧藩主の家柄へと嫁がれた。そうしたこともあり、清子さまの一般家系の男性との結婚は大変な注目を集めたのである。

時代をいにしえの昔にさかのぼると、古代から南北朝時代には、未婚の皇族女性は伊勢神宮の斎宮《さいぐう》（斎王）に選ばれることがあった。斎宮とは天皇に代わって皇祖神である天照大神に仕える巫女のような役割の女性のことで、天皇の崩御や退位にともない交代していた。記録には七世紀後半から一四世紀前半まで、六十人あまりの斎宮の名前が残されている。

一方、皇族ではない女性が結婚により皇室に入ることも難しかった。特に皇后については、古代には皇族からのみ選ばれるとされていた。この決まりごとを破ったのが、八世紀に聖武天皇の皇后として迎えられた藤原不比等の娘・光明子。これ以降、藤原氏は一族の娘を入内させ続け、天皇の外せきとして権勢を振るった。

その後も、皇后は上級公家から選ばれることが多かった。明治天皇の皇后である昭憲皇太后は左大臣を務めた一条家、大正天皇の貞明皇后は公爵の九条家、昭和天皇の香淳皇后は皇族である久邇宮家という家柄である。

戦後に身分による結婚の規定が撤廃されてからも、やはりさまざまな面で壁は厚かった。だからこそ、今上天皇が正田美智子さまと結婚されたときは「民間初の皇太子妃誕生」として〝ミッチー・ブーム〟が起きたのである。

Key word 祭祀の歴史

宮中祭祀は明治時代まで神道一色ではなかった？

◉皇室も神仏習合だった

皇室で行なわれているさまざまな宮中祭祀は、神道一色のイメージが強い。しかしながら、その歴史はそう古いものではない。天皇家は神道だけを受け継いできたわけではなく、明治維新までは神道とともに仏教の祭祀も取り入れてきた。つまり、神仏習合が当然のように行なわれていたのである。

確かに、仏教伝来以前の日本の宗教は神道が主だった。しかし、飛鳥時代に仏教が伝来すると、朝廷もこれを取り入れていく。聖武天皇が各地に国分寺を建立させ、「奈良の大仏」を作らせたのは有名な話だ。

また、後白河法皇などの「法皇」の称号は、天皇が譲位して仏門に入られた場合の呼び名である。天皇自らが仏教に帰依していることを見てもわかるように、天皇と仏教とは非常に関係性の深いものだったのである。

そうしたことから、宮中の儀礼にも仏教の祭祀が含まれるようになった。宮中では国家鎮護のための修法を積極的に執り行なうようになり、毎年、正月八日から十四日まで宮中真言院で鎮護国家のための「後七日御修法《ごしちにちのみしゅほう》」が修されるなどした。

ただし、こうした神仏習合は天皇家だけが行なっていたというわけではない。江戸時代まで民間でも神社の境内に寺があるなど、各地でごく普通にみられた習俗だった。その神仏習合の歴史が一変したのが明治時代である。

明治政府は天皇を中心とした国家づくりを進めるにあたり、天皇を頂点とした国家神道を政策として推進していく。そのため、仏教と神道の分離が厳格に行なわれたのである。天皇家の宮中祭祀も仏教色が一掃され、神道一色になった。もちろん民間でも強力に神仏分離が断行され、廃仏毀釈などの騒ぎを引き起こしている。

しかし戦後は、政治と宗教を切り離す政教分離が進められた。宗教の自由により天皇家の宮中祭祀といえども国家の公的行事として扱うことができなくなったのである。そのため宮中祭祀は私的行事とみなされ、現在は祭祀費用も一部を除いて天皇陛下のプライベートマネーである内廷費から支出されている。

Key word
三種の神器

八咫鏡、天叢雲剣、八尺瓊勾玉が重要視されるワケ

◉皇位にあることを証明する宝

正式に天皇家であることを示す神宝といえるのが、三種の神器である。三種の神器は皇位であることの印ともいえ、皇室の皇祖神とされる天照大神とつながる神聖な身分を証明・保証するものとして、天皇家に代々引き継がれてきた。

神器は鏡、剣、玉からなる。鏡は正式には「八咫鏡《やたのかがみ》」という。これは天皇家の祖神である天照大神が、天岩戸に籠った際に八百万の神々によってつくられたという逸話がある。天照の魂を宿した宝といわれており、天皇家は天照から直接授けられたとされる。現在は伊勢神宮の内宮に祀られており、皇居に安置されているのは形代（複製）である。

剣は正式には「天叢雲剣《あめのむらくものつるぎ》」（草薙剣《くさなぎのつるぎ》）といい、素戔嗚《すさのおのみこと》がヤマタノオロチを退治したとき、オロチの尾から出てきた剣だといわれている。倭建命《やまとたけるのみこと》が、この剣の守護により東征に成功したというい われがあり、東征後に熱田神宮に祀られている。ただし、平家滅亡の

戦いとなった壇ノ浦の戦いの際、入水して果てた平家と安徳天皇とともに海の底に沈んでしまい、熱田神宮に祀られている剣は、もともとの剣ではないとする説もある。こちらも鏡同様、皇居にあるのは形代である。

三つめの神器が勾玉。正式には「八尺瓊勾玉《やさかにのまがたま》（八坂瓊玉）」という。瑪瑙《めのう》などでつくられた装身具で、古代には祭祀に用いられていた。これも天照大神が天岩戸に籠った際につくったといわれている。天叢雲剣と同様に壇ノ浦で一度は海中に没したが、浮き上がったと伝えられており、いまも宮中で受け継がれている。

三種の神器がどのような経緯で皇位のシンボルになったのかは定かではない。日本史で最初の正史となった『日本書紀』においては、神器は三種ではなく鏡と剣の二種だったと記述されている箇所もあり、『続日本書紀』でも二種と三種の記述が混在している。つまり、「三種の神器」という言葉や観念は最初からあったわけではなく、定着したのは南北朝時代だったといわれる。実際に、皇室典範のなかにも三種の神器に関しての触れられた箇所はない。だが、天皇が崩御したとき、真っ先に行なわれる儀式が三種の神器を受け継ぐための「剣璽等承継の儀」であることを考えると、皇室にとって三種の神器がもつ意味は大きい。この儀式を終了して、はじめて皇太子は天皇になる。そして、次の代まで三種の神器を受け継いでいくことが、天皇の重要なお務めなのである。

歴代天皇の系図

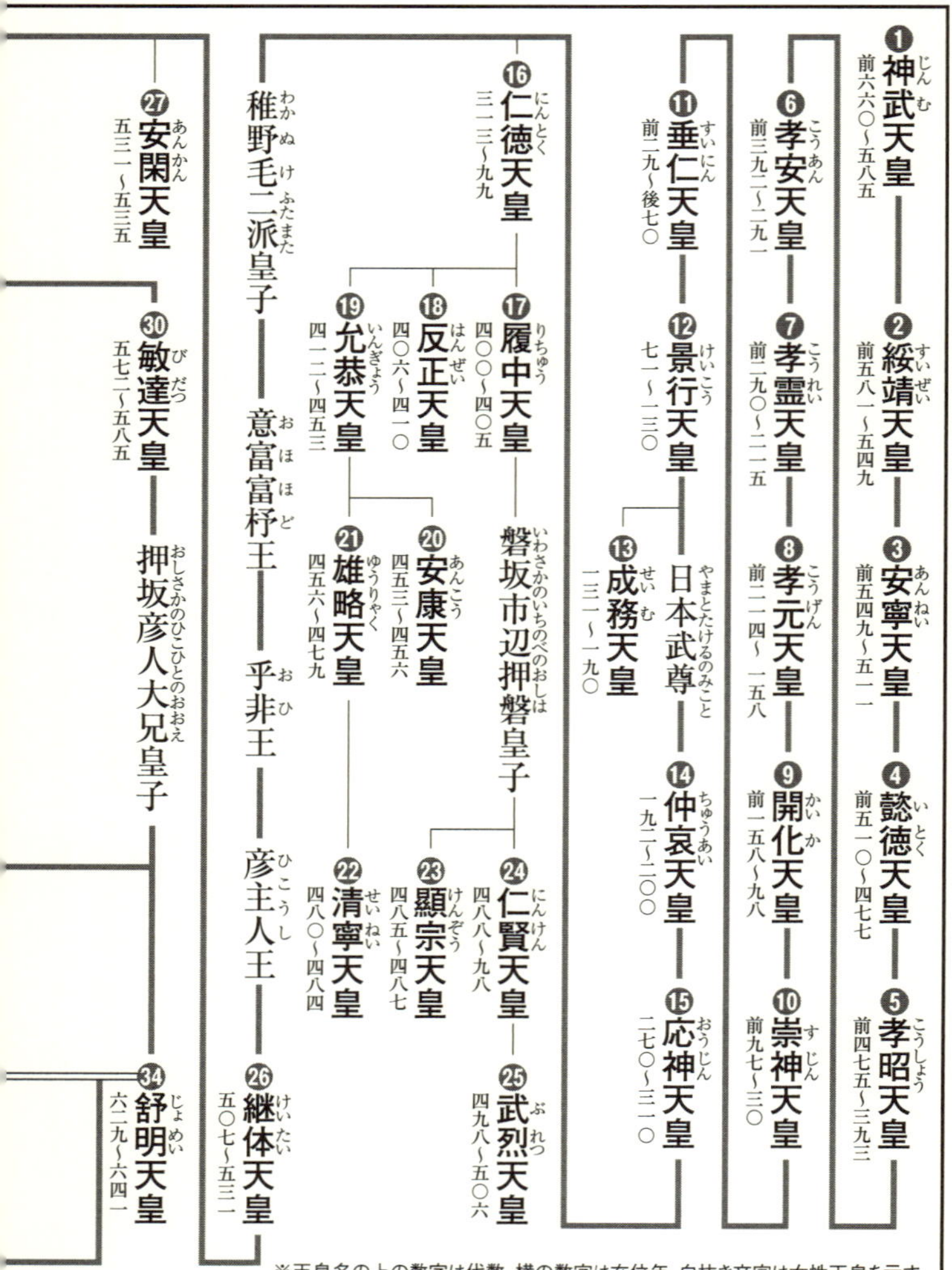

※天皇名の上の数字は代数、横の数字は在位年、白抜き文字は女性天皇を示す。

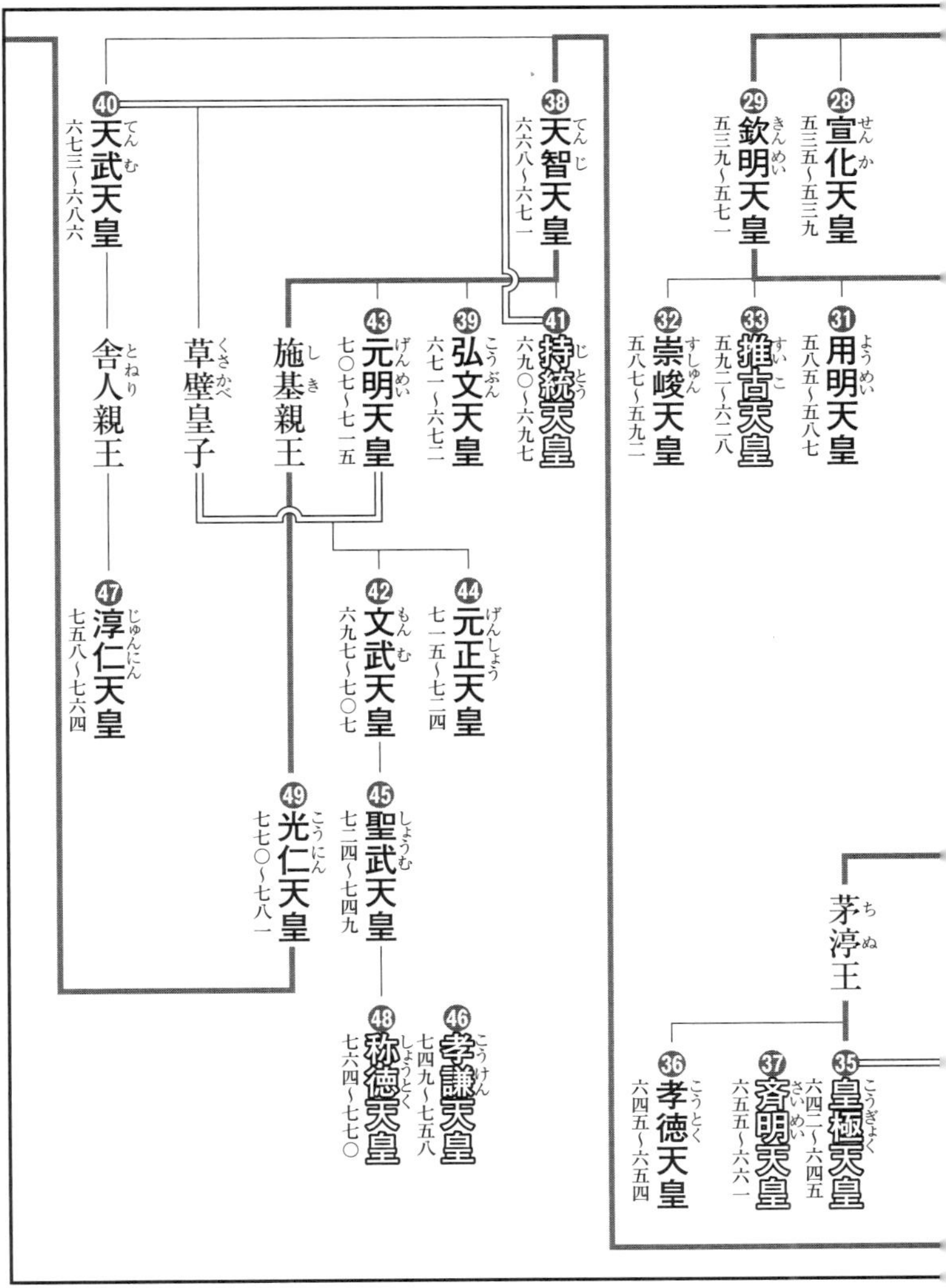
28 宣化《せんか》天皇 五三五～五三九
29 欽明《きんめい》天皇 五三九～五七一
31 用明《ようめい》天皇 五八五～五八七
33 推古《すいこ》天皇 五九二～六二八
32 崇峻《すしゅん》天皇 五八七～五九二
茅渟《ちぬ》王
35 皇極《こうぎょく》天皇 六四二～六四五
37 斉明《さいめい》天皇 六五五～六六一
36 孝徳《こうとく》天皇 六四五～六五四
38 天智《てんじ》天皇 六六八～六七一
40 天武《てんむ》天皇 六七三～六八六
41 持統《じとう》天皇 六九〇～六九七
39 弘文《こうぶん》天皇 六七一～六七二
43 元明《げんめい》天皇 七〇七～七一五
施基《しき》親王
草壁《くさかべ》皇子
舎人《とねり》親王
44 元正《げんしょう》天皇 七一五～七二四
42 文武《もんむ》天皇 六九七～七〇七
47 淳仁《じゅんにん》天皇 七五八～七六四
45 聖武《しょうむ》天皇 七二四～七四九
49 光仁《こうにん》天皇 七七〇～七八一
46 孝謙《こうけん》天皇 七四九～七五八
48 称徳《しょうとく》天皇 七六四～七七〇

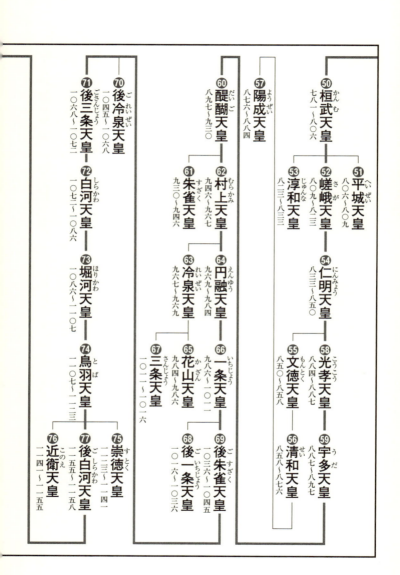

50 桓武《かんむ》天皇 七八一〜八〇六

51 平城《へいぜい》天皇 八〇六〜八〇九

52 嵯峨《さが》天皇 八〇九〜八二三

53 淳和《じゅんな》天皇 八二三〜八三三

54 仁明《にんみょう》天皇 八三三〜八五〇

58 光孝《こうこう》天皇 八八四〜八八七

55 文徳《もんとく》天皇 八五〇〜八五八

59 宇多《うだ》天皇 八八七〜八九七

56 清《せい》和天皇 八五八〜八七六

57 陽成《ようぜい》天皇 八七六〜八八四

60 醍醐《だいご》天皇 八九七〜九三〇

62 村上《むらかみ》天皇 九四六〜九六七

61 朱雀《すざく》天皇 九三〇〜九四六

64 円融《えんゆう》天皇 九六九〜九八四

63 冷泉《れいぜい》天皇 九六七〜九六九

66 一条《いちじょう》天皇 九八六〜一〇一一

65 花山《かざん》天皇 九八四〜九八六

67 三条《さんじょう》天皇 一〇一一〜一〇一六

69 後朱雀《ごすざく》天皇 一〇三六〜一〇四五

68 後一条《ごいちじょう》天皇 一〇一六〜一〇三六

70 後冷泉《ごれいぜい》天皇 一〇四五〜一〇六八

71 後三条《ごさんじょう》天皇 一〇六八〜一〇七二

72 白河《しらかわ》天皇 一〇七二〜一〇八六

73 堀河《ほりかわ》天皇 一〇八六〜一一〇七

74 鳥羽《とば》天皇 一一〇七〜一一二三

75 崇徳《すとく》天皇 一一二三〜一一四一

77 後白河《ごしらかわ》天皇 一一五五〜一一五八

76 近衛《このえ》天皇 一一四一〜一一五五

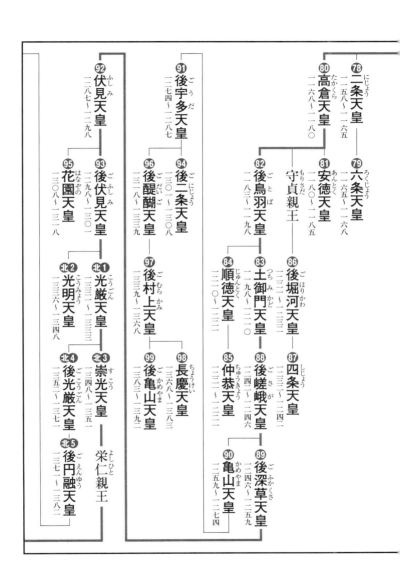

78 二条《にじょう》天皇 一一五八～一一六五

79 六条《ろくじょう》天皇 一一六五～一一六八

80 高倉《たかくら》天皇 一一六八～一一八〇

81 安徳《あんとく》天皇 一一八〇～一一八五

守貞《もりさだ》親王

82 後鳥羽《ごとば》天皇 一一八三～一一九八

86 後堀河《ごほりかわ》天皇 一二二一～一二三二

87 四条《しじょう》天皇 一二三二～一二四二

83 土御門《つちみかど》天皇 一一九八～一二一〇

88 後嵯峨《ごさが》天皇 一二四二～一二四六

89 後深草《ごふかくさ》天皇 一二四六～一二五九

84 順徳《じゅんとく》天皇 一二一〇～一二二一

85 仲恭《ちゅうきょう》天皇 一二二一～一二二一

90 亀山《かめやま》天皇 一二五九～一二七四

91 後宇多《ごうだ》天皇 一二七四～一二八七

94 後二条《ごにじょう》天皇 一三〇一～一三〇八

96 後醍醐《ごだいご》天皇 一三一八～一三三九

97 後村上《ごむらかみ》天皇 一三三九～一三六八

98 長慶《ちょうけい》天皇 一三六八～一三八三

99 後亀山《ごかめやま》天皇 一三八三～一三九二

92 伏見《ふしみ》天皇 一二八七～一二九八

93 後伏見《ごふしみ》天皇 一二九八～一三〇一

95 花園《はなぞの》天皇 一三〇八～一三一八

北1 光厳《こうごん》天皇 一三三一～一三三三

北2 光明《こうみょう》天皇 一三三六～一三四八

北3 崇光《すこう》天皇 一三四八～一三五一

北4 後光厳《ごこうごん》天皇 一三五二～一三七一

栄仁《よしひと》親王

北5 後円融《ごえんゆう》天皇 一三七一～一三八二

- ⑩⓪ 後小松《ごこまつ》天皇　一三八二～一四一二
  - ⑩① 称光《しょうこう》天皇　一四一二～一四二八
- 貞成《さだふさ》親王
  - ⑩② 後花園《ごはなぞの》天皇　一四二八～一四六四
  - ⑩③ 後土御門《ごつちみかど》天皇　一四六四～一五〇〇
  - ⑩④ 後柏原《ごかしわばら》天皇　一五〇〇～一五二六
  - ⑩⑤ 後奈良《ごなら》天皇　一五二六～一五五七
  - ⑩⑥ 正親町《おおぎまち》天皇　一五五七～一五八六
  - 誠仁《さねひと》親王
  - ⑩⑦ 後陽成《ごようぜい》天皇　一五八六～一六一一
  - ⑩⑧ 後水尾《ごみずのお》天皇　一六一一～一六二九
    - ⑩⑨ 明正《めいしょう》天皇　一六二九～一六四三
    - ⑪⓪ 代後光明《ごこうみょう》天皇　一六四三～一六五四
    - ⑪① 後西《ごさい》天皇　一六五四～一六六三
    - ⑪② 霊元《れいげん》天皇　一六六三～一六八七
      - ⑪③ 東山《ひがしやま》天皇　一六八七～一七〇九
        - ⑪④ 中御門《なかみかど》天皇　一七〇九～一七三五
          - ⑪⑤ 桜町《さくらまち》天皇　一七三五～一七四七
            - ⑪⑦ 後桜町《ごさくらまち》天皇　一七六二～一七七〇
            - ⑪⑥ 桃園《ももぞの》天皇　一七四七～一七六二
              - ⑪⑧ 後桃園《ごももぞの》天皇　一七七〇～一七七九
        - 直仁《なおひと》親王
          - ⑪⑨ 光格《こうかく》天皇　一七七九～一八一七
          - ⑫⓪ 仁孝《にんこう》天皇　一八一七～一八四六
          - ⑫① 孝明《こうめい》天皇　一八四六～一八六六
          - ⑫② 明治《めいじ》天皇　一八六七～一九一二
          - ⑫③ 大正《たいしょう》天皇　一九一二～一九二六
          - ⑫④ 昭和《しょうわ》天皇　一九二六～一九八九
          - ⑫⑤ 今上《きんじょう》天皇　一九八九～

出典：宮内庁ホームページ

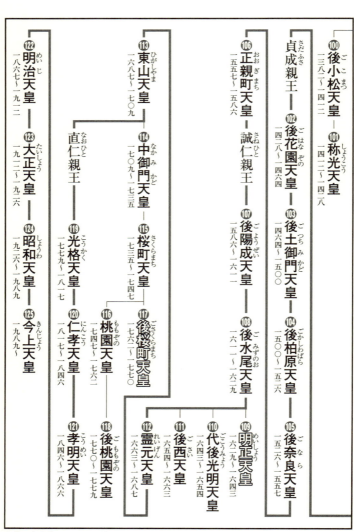

●主な参考文献

『岩波天皇・皇室辞典』原武史　吉田裕編（岩波書店）／『図説天皇家のしきたり案内』「皇室の20世紀」編集部編集（小学館）／『愛子さまと悠仁さま』大島真生、『天皇家の財布』森暢平（新潮社）／『美智子さまと皇族たち』河原敏明、『天皇陛下の全仕事』山本雅人（講談社）／『皇室一五〇年史』浅見雅男　岩井克己（筑摩書房）／『いま知っておきたい天皇と皇室』山下晋司、『日本人なら知っておきたい皇室』松崎敏弥（河出書房新社）／『天皇家の宿題』岩井克己、『皇室とっておき』朝日新聞社（朝日新聞出版）／『平成の皇室事典』（毎日新聞社）／『天皇の「まつりごと」』所功（日本放送出版協会）／『天皇家の仕事』高橋紘（文藝春秋）／『平成皇室事典』主婦の友社編（主婦の友社）／『角川古語大辞典』中村幸彦ほか編、『角川日本史辞典』朝尾直弘、『天皇家の人々』神一行、『知っておきたい日本の皇室』皇室事典編集委員会監修、『皇室事典』皇室事典編集委員会編著、『知っておきたい日本の天皇』武光誠（ＫＡＤＯＫＡＷＡ）／『「皇室典範」を読む』鈴木邦男　佐藤由樹（祥伝社）／『日本人なら知っておきたい「皇室」１２８のなぜ?』松崎敏彌、『日本の皇室』久能靖、『藤原氏の正体』武光誠（ＰＨＰ研究所）／『天皇のすべて』不二龍彦（学研パブリッシング）／『Ｑ＆Ａで分かる天皇制度』八木秀次、『皇室へのソボクなギモン』辛酸なめ子　竹田恒泰（扶桑社）／『皇室典範と女性宮家』所功（勉誠出版）／『天皇・皇室の将来』、『天皇家の儀礼』、『歴代天皇１２５代の謎』歴史ＲＥＡＬ編集部編集、『天皇家の経済学』吉田祐二（洋泉社）／『天皇と皇室典範』、『天皇家の食卓と日用品』、『麗しの佳子さま』（宝島社）／『「皇室・王室」がきちんとわかる本』広岡裕児（オーエス出版）／『天皇陵謎解き完全ガイド』中山良昭監修・著（廣済堂出版）／『天皇・皇室を知る事典』小田部雄次（東京堂出版）／『天皇家の御食材』横田哲治（中経出版）／『近現代の皇室と皇族』小田部雄次（敬文舎）／『皇室文化と平成』（時事画報社）／『皇室の百科事典』歴史百科編集部編、『総図解よくわかる天皇家の歴史』『歴史読本』編集部編（新人物往来社）／『日本の礼儀作法』竹田恒泰（マガジンハウス）

［新聞・雑誌］

朝日新聞／毎日新聞／読売新聞／産経新聞／日本経済新聞／東京新聞／「週刊ダイヤモンド」／「週刊女性」／「週刊朝日」／「女性自身」／「ＦＲＩＤＡＹ」／「Ｎｅｗｓｗｅｅｋ」

［ウェブサイト］

宮内庁／外務省／ＮＨＫ／日本テレビ／共同通信／ＮＥＷＳポストセブン／ダイヤモンド・オンライン／談山神社／白峯神社／斎宮歴史博物館

監　修　**澤田 浩**（さわだ ひろし）

1979年、学習院大学経済学部卒業後、主婦と生活社入社。『週刊女性』では1983年から1993年まで皇室担当。1987年12月、『週刊女性』1月14日号で、皇太子妃候補としての小和田雅子さんの存在をスクープ。現在は、セブン＆アイ出版嘱託。

※本書は書き下ろしオリジナルです。

じっぴコンパクト新書　329

JIPPI Compact

ニュースがよくわかる皇室《こうしつ》のすべて

2017年9月13日　初版第1刷発行

監修者……………………澤田 浩
発行者……………………岩野裕一
発行所……………………株式会社実業之日本社
〒153-0044 東京都目黒区大橋1-5-1 クロスエアタワー8階
電話（編集）03-6809-0452
（販売）03-6809-0495
http://www.j-n.co.jp/
印刷・製本…………大日本印刷株式会社

ISBN978-4-408-33728-9（第一趣味）